Endlichkeit und Versöhnung

AF152951

Claus Eurich

ENDLICHKEIT UND VERSÖHNUNG

Minima Spiritualia

 claudius

Für Monika

Copyright © Claudius Verlag, München 2022
www.claudius.de

Alle Rechte vorbehalten. Das Werk darf – auch teilweise –
nur mit Genehmigung des Verlages wiedergegeben werden.
Umschlaggestaltung: Weiss Werkstatt, München
Gesetzt aus der Adobe Garamond Pro
Druck: CPI – Clausen & Bosse, Leck

ISBN 978-3-532-62873-7

INHALT

Transzendenz

Die Liturgie des Lebens

Die schönen Kräfte

Tiefenschichten des Seins

Weisen des Erkennens

Muße sucht Tiefe – Prolog

Täglich neu stellt sich die Frage, wie das gefüllt werden kann, was jenseits von Beruf und Familie oder Partnerschaft und den alltäglichen To-dos Zeitfreiheit genannt wird. Mediale Zerstreuung mag eine Antwort sein, Rosen schneiden, wandern oder auf die Politik schimpfen andere. Das muss man nicht gegeneinander ausspielen. Es passt durchaus zusammen. Und doch ist es nicht wirklich hinreichend. Muße, die diesen Namen verdient, will etwas mehr, will Tiefe.

Für diese Texte hier liegt genau in diesem Bedürfnis der Ursprung. Ein Gedanke, der vielleicht in der morgendlichen Stille oder einfach so zwischendurch ins Bewusstsein tritt, steht vor dem inneren Auge. Vielleicht als Wort, das ergründet werden will, als Bild, das es zu betrachten und zu entschlüsseln gilt oder als existenzielle Frage, die Zuwendung einfordert. Es ist wie ein Ruf aus dem geistigen Raum, dem in Intensität nachzugehen wie eine unausweichliche und zugleich wunderschöne Verpflichtung klingt. Daraus entstanden sind kurze Texte, die in sich abgeschlossen sind und keine weiteren Bezüge einfordern. Sie stehen, manchmal ausgesprochen, manchmal unausgesprochen, in der Tradition manch großer philosophischer und auch spiritueller Lehren. Mir ist dabei, trotz aller Ausrichtung an dem Zustand der Menschheit in dieser Epoche, eine überzeitliche Grundhaltung wichtig, die sich aus den alltäglichen Verfangenheiten erhebt und einen gelassenen und zugleich dringlichen Blick auf Sein und Werden des Menschen richtet.

Einige solcher Texte sind in diesem Band, thematisch gegliedert, zusammengestellt. Sie können in beliebiger

Reihenfolge gelesen werden, erfordern kein jeweiliges Vorwissen. Vielleicht mögen sie durch den Tag begleiten, durch eine Krise, durch eine existenzielle Herausforderung, in die wir uns gestellt sehen. Vielleicht regen sie auch einfach nur zum denkenden Erspüren an oder zur Hingabe an einen Gedanken.

Endlichkeit, das einzig Sichere in unserem Leben, bildet dabei den einen, *Versöhnung* mit dem Sein den anderen Pol. Dazwischen liegen innere Ausrichtung, geistiges und seelische Wachstum und eine grundlegende Zustimmung zur Welt in ihren vielfältigen Ausdrucksformen.

Die großen Tugenden

Ehrfurcht vor allem Leben

Die Welt kann nur entzaubert, das Leben nur dann missbraucht, Mutter Erde nur dort geschändet und entwürdigt werden, wo es an Ehrfurcht mangelt; der Ehrfurcht vor dem Leben, vor dem Sein und Werden. Erst mit ihr als grundlegender Haltung allem Sein gegenüber, beginnt das wesenhafte, das eigentliche Menschsein.

Man reservierte einst das *Ehrfürchtigsein* auf jenes hin, was den Bürger übersteigt – Gott, Vaterland, Kirche, außergewöhnliche Personen, Naturgewalten, herausragende Kunstwerke oder Bauten. Da erweist du deine Ehrerbietung, nimmst dich zurück, ergibst dich in Respekt. Und ein wenig mag in der ehrfürchtigen Haltung, vor allem anderen Menschen oder Institutionen gegenüber, dann immer auch Furcht mitschwingen und damit das Gefühl eigener Unbedeutendheit.

Das ist anders bei einer Berührung, die aus dem Staunen und der Ergriffenheit angesichts des Wunders der Evolution entsteht und aus dem ahnenden Spüren göttlicher Ursprungsenergie. Oft sind damit tiefe spirituelle Erfahrungen verbunden, in denen wir uns als Teil dessen wahrnehmen, was diese Ehrfurcht in uns auslöst.

In seiner Ethik der *Ehrfurcht vor dem Leben*, die vor gut hundert Jahren erstmals in das Licht der Öffentlichkeit trat, hat Albert Schweitzer das Verständnis von Ehrfurcht neu erweckt. Und er hat es transzendiert, entgrenzt, indem er es auf das Leben an sich bezog und entsprechend anmahnte. *Alles Leben ist heilig*, ruft uns der große Menschheitslehrer zu.

Die *Ehrfurcht vor dem Leben* ist die Basis für eine Welt, in der sich solidarisches und liebendes Miteinandersein nicht länger auf Zwischenmenschlichkeit beschränken, sondern das Sein an sich umfassen. Grundlegender wäre nie ein evolutionärer Schritt des Menschen gewesen. Auch wenn fast nichts dafür spricht, aus dem Konjunktiv zu treten und diesen Schritt als gesamte Menschheit wirklich zu gehen; für jeden einzelnen von uns bleibt er die ultimative Aufforderung, sein Mögliches in diese Richtung zu tun. Um der Liebe, des Überlebens unserer Spezies und unzähliger Arten willen – und nicht zuletzt um unserer Selbstachtung. Damit soll keiner Individualisierung von Politik das Wort geredet werden. Aber wir kommen an der Einsicht nicht vorbei, dass die wahren Frontlinien im Zugriff auf Zukunft in uns selbst verlaufen. Hier muss die Bewusstseinsrevolte auf das Leben hin deshalb beginnen.

Ehrfurcht – etwas Geheimnishaftes ist mit ihr verbunden. Wir staunen, sind überwältigt, angerührt, wollen es verstehen. Was uns dabei in Unruhe hält, uns immer weiter suchen lässt, ist der zur Entwicklung drängende Wille selbst, aus dem alles Leben hervorgeht und sich formt. In der Ehrfurcht vor diesem Werdens- und Entwicklungsimpuls anerkennen wir seinen alles überstrahlenden Wert. Er führt in die unbedingte Bejahung des Seins, ohne zu klassifizieren und in höher oder nieder, wert oder unwert zu unterscheiden.

So entsteht eine universale Ethik, ja die universale Erscheinung und Form der Liebe. Sie grenzt nicht aus, sie integriert. Humanismus weitet sich zum Universalismus, neigt sich zu allem, was lebt, was ist. Als richtunggebend hin zum Leben und zum Tun lässt diese Liebe sich verstehen. Sie wirkt als Impuls der ganzen Seele und ist unteilbar.

An die Seite der Ehrfurcht tritt die Demut. In ihr schauen wir auf das Wunder des Lebens, auch in seinen zartesten Regungen, empor.

Wahre Demut hat nichts mit religiöser Unterwürfigkeitsmoral oder Sklavenbewusstsein zu tun. Sie ist aus tiefem Respekt vor dem Wunder und der Größe des Seins entstanden. Selbstüberschätzung und Selbstüberhöhung sind ihr fremd. Sie ist eine ganz eigene und wunderbare Kraft, kein Defizit! Demut steht für die Anerkennung und Akzeptanz der personalen Grenzen, und sie steht für die Einsicht, dass es immer eine Differenz zwischen dem Ideal und den eigenen Möglichkeiten gibt. Gleichzeitig stellt sie das im Menschen strahlende Licht nicht unter den Scheffel, blockiert nicht die in ihm ruhende und auf Befreiung wartende Potenzialität.

Demut steht im Dienst am Ganzen. Ich wende mich aktiv dem anderen Leben zu, ermutige es, baue es auf. Wer in der Demut lebt, stellt sich seiner Verantwortung, stärkt die Handlungsbereitschaft und arbeitet an der Überwindung erkannter Schwächen. Er nimmt sich da zurück, wo dies die Chancen auf Befreiung und Verwirklichung des Anderen stärkt. So wird die eigene Demut zur Energie des anderen Lebens, zur Energie des so vielgestaltigen Du.

In der Hingabe findet die Demut ihre Vollendung. Wie die gesunde Zelle eines Körpers, die ihrem Auftrag nachkommt, der Entwicklung und dem Erhalt des Ganzen um den Preis des eigenen Seins zu dienen, nimmt sich ein Mensch im Akt der Hingabe von seinem Urtrieb nach unbedingter Selbsterhaltung zurück. Auch bricht er mit der Fehlsicht, sein Leben ganz aus den eigenen Kräften heraus gestalten und bewältigen zu können. Die spirituelle Bedeutung der Hingabe erscheint deshalb unermesslich. In Verbindung mit Vergebung und Loslassen macht sie das möglich, was wir Erlösung nennen. Denn im Grunde richtet sich alles Hingeben auf das Absolute in seinen unterschiedlichsten Erscheinungs- und Lebensformen, und damit auf den Urgrund, auf unsere eigentliche Heimat. Hier finden wir das Vertrauen und den Halt, um auch im Angesicht existenzieller Krisen und notwendiger, vielleicht sehr schmerzlicher Entscheidungen, trotzdem Ja zu sagen.

Was folgt daraus?

Wir haben aus der Haltung der Ehrfurcht einen Boden des Ethos und der Sittlichkeit betreten, in dem wir die Heiligkeit des Daseins als unantastbar erkennen und respektieren. Von dieser Bestimmung überzeugt, verbietet es sich forthin, bewusst schädigend in Prozesse des Lebens einzugreifen. Die Verantwortung ist ins Grenzenlose erweitert. Diese Ethik des Lebens, deren Fundamente wir Albert Schweitzer verdanken, gilt absolut. Vor ihr haben keine relativen Ethiken und keine Systemethiken Bestand. Sie steht über den Sätzen der Propheten und über den Gesetzen der Staaten.

Das rechte Maß und die Liebe

Man kann den Zustand von Mensch und Erde in dieser Epoche durchaus umschreiben als Verlust von Maß und

Mitte. Unmäßigkeit nährt die Wurzelkraft des Kapitalismus.

Grenzen zu verletzen, scheint dem Wesen des Menschen seit jeher beigegeben. Deshalb taucht die Suche nach dem rechten Maß auch in der Lehre der kardinalen Tugenden als die vierte und letzte auf. Für unsere Zeit, in der sich in allen Lebensbereichen nun die Folgen angestauter Maßlosigkeit drastisch zeigen, hat sie entsprechend eine alles überragende Bedeutung.

Die Schöpfungswirklichkeit verfügt in ihrem Grundsatz über das angemessene Maß in allen Begebenheiten und Wesenheiten. Symbiotisch ruhen die Lebensprozesse in sich, entwickeln sich im Ausgleich von Geben und Nehmen. Das Wirken des Menschen mit dem Ruf nach *Immer Mehr* erst haben das Sein und Werden in ein Ungleichgewicht gezogen.

Zumindest in religiösen Zusammenhängen und den entsprechenden Bezugnahmen dient Maß als Synonym für Mäßigung. Und diese wiederum trägt den Beiklang des Verneinenden. *Schränke dich ein, verzichte, gib dich nicht deinen Gelüsten hin.* Doch das rechte Maß zu finden, hat wenig mit einer blassgesichtigen Kultur des sich Versagens zu tun. Es bringt vielmehr all das zum Leuchten, welchem im Überfluss, genau wie im Geiz, eigentlich keinerlei Wert mehr zukommt. Es bewahrt die Wertschätzung und die Freude an und über etwas, beschert ihm die Aufmerksamkeit für sein Eigensein. Kinder, die an ihren Festtagen überschüttet werden mit Dingen und Events, die man dann auch noch Geschenke nennt, können eine Wertschätzung des Besonderen genauso wenig entwickeln wie eine Kultur, in der das Haben den wesentlichen Existenz- und Identifikationsgrundsatz darstellt.

Das rechte Maß zielt auf Überschaubarkeit. Es hält in der Handlungsfähigkeit. Wo es nimmt, gleicht es auch aus. Diese Tugend ist somit eine Ordnungskraft, unabdingbar für des Menschen Weg zu der ihm möglichen Vollgestalt. Für Hildegard von Bingen war sie die „Mutter aller Tugenden". Dies gilt für jeden Einzelnen von uns und gleichermaßen für Kultur und Menschheit an sich.

Das Lebensparadigma des Albert Schweitzer, dass wir Leben sind, das leben will, inmitten von Leben, das gleichfalls leben will, bringt das Verständnis des rechten Maßes auf den Punkt und in die damit gegebene Anforderung.

Zum Maß gehört das Abstandnehmen vom Sog der Dinge, um ein freies Erkennen und tieferes Verstehen zu ermöglichen. Der Abstand rückt Werte und entsprechende Orientierungen aus der Vogelperspektive zurecht. Er bewahrt vor einer Entwurzelung des Selbst, indem er es wieder zu sich und seiner Mitte führt. Und er entkleidet damit die verführerischen Ding- und Glitzerwelten als fragile Fassaden, hinter denen das Nichts bzw. die Leere zuhause sind.

Der Anspruch eines Seins im rechten Maß setzt innere Klarheit voraus, die allerdings immer wieder erkämpft werden will in der Abwehr bzw. Überwindung dessen, was wir *Acedia* nennen; gemeint ist damit jene Trägheit des Geistes, in welcher der Mensch sich von Dingen und Bedürfnissen treiben lässt und sich seine größten Möglichkeiten fahrlässig versagt. Sie galt einmal als die siebte und letzte der sogenannten Todsünden. In ihren langfristigen Wirkungen ist sie die Schrecklichste.

Als einen beweglichen Punkt zwischen Übermaß und Mangel lässt sich das rechte Maß umschreiben. Es liegt wohl nie genau in der Mitte zwischen Beiden, sondern wird von den Anforderungen der jeweiligen Situation bestimmt. So betont Thomas von Aquin, dass etwa das rechte Maß für die Tapferkeit näher an der Tollkühnheit als an der Feigheit liegen sollte. Wir sind also aufgerufen, Maß nicht als ein billiges Mittelmaß misszuverstehen, das uns von Entscheidungen in Klarheit fernhält.

Letztlich geht es bei der Frage, was dies für den Alltag bedeutet, um die Besinnung auf das Eigene, den eigenen konsequenten Weg und das Eigenvertrauen. Denn nur das steht in der eigenen Verfügung.

Und es bleibt die Erinnerung daran, dass es etwas gibt, dem wir uns in diesem Bemühen um das rechte Maß und eine entsprechende Selbstachtung in völliger Maßlosigkeit hingeben können: Die Liebe zum Leben und das Hören ihrer Stimme in jeder Situation.

Geschwisterlichkeit und Würde

Die Ehrfurcht vor dem Leben verändert die Haltung und die Weise, mit denen wir anderem Leben begegnen. *Geschwisterlichkeit* ist dafür der rechte Begriff. Ihn gilt es nun neu bzw. entsprechend weiterzudenken.

In herkömmlichem religiösem Verständnis meint er die liebende Zuwendung auch zu den Menschen und Menschengruppen, mit denen wir nicht verwandtschaftlich verbunden sind. Für sie übernehmen wir Verantwortung, erweisen uns solidarisch, über alle Barrieren und Grenzen hinweg. Dahinter steht die Einsicht, dass alle Menschen in ihrer Unterschiedlichkeit eine große Familie bilden, die von demselben Planeten genährt werden, dieselbe Luft atmen, Wärme unter derselben Sonne finden. *Geschwisterlichkeit* beendet Rassismus und Diskriminierung. Eine ihrer wesentlichen Grundhaltungen beruht darauf, das Vorhandene gerecht zu teilen und nicht auf den eigenen Vorteil zulasten anderer zu sinnen.

Von dem Gedanken der *Geschwisterlichkeit* kommend, lassen sich lebensorientierte Visionen, die das bereits jetzt Mögliche, und das zwar Erstrebte, aber noch nicht Verwirklichte, zusammenführen, begründen und verstehen. Es geht eben um mehr als eine Existenz nur für uns selbst. Aus gemeinschaftlichem Geist und nicht einer Ansammlung von Individuen wächst der Erdenraum zu einem lebendigen Gemeinwesen. Nur so werden die Kräfte freigesetzt, die wir benötigen, um eine Ahnung vom Möglichen bereits in diesem Moment zu bekommen – etwa, um im schlimmsten Leid zu trösten und zu heilen, Wärme und Geborgenheit zu schenken, um Widerspruch und Widerstand anzumelden an der Übermacht von Gewalt, Ausbeutung und Zerstörung.

Soweit, könnte man sagen, die humanistische und religiöse Selbstverständlichkeit. Beispielhaft wurde sie von Papst Franziskus in der Enzyklika *Fratelli tutti* am 3. Oktober 2020, dem Todestag des Franz von Assisi (1181/82–1226), in Assisi unterzeichnet.

Dieses Verständnis ist der erste Schritt. Nicht nur die Lebensethik weist uns den zweiten. Schon etwa der „Sonnengesang", das wunderschöne Gedicht/Gebet des Franz von Assisi, bringt im Lobpreis der Gestirne, der Elemente, von Mutter Erde und ihrer Kinder, das notwendige, die ganze Schöpfung umfassende, Verständnis ins Wort. *Geschwisterlichkeit* in diesem Bewusstsein, knüpft an das Wissen darum an, dass die Erde ein Lebewesen ist, *Gaia*, wie sie die Griechen in der Antike nannten. Noch weitergehend formuliert: Der ganze Kosmos ist unser Leib.

Damit haben wir nun das Leben an sich, über evolutionäre und über Gattungsgrenzen hinweg, im Blick. Die Schöpfung umarmen, ist das Grundgefühl der *Geschwisterlichkeit.*

Das führt zu einem grundlegend erweiterten Verständnis auch von *Gerechtigkeit.* Bislang haben wir Menschen uns, etwas selbstverliebt, viel mit den Rechten beschäftigt, die uns nur selber betreffen. Das zentrale Dokument all dieser ehrwürdigen Bemühungen ist die *Allgemeine Menschenrechtserklärung,* die am 10. Dezember 1948 von der Generalversammlung der Vereinten Nationen verabschiedet wurde. Heute nun gilt es ernst zu nehmen, dass vom Geist umfassender Verbundenheit herkommend, das Leben in all seinen Äußerungsformen Schutz, Pflege und Ermöglichung bedarf. Der Gedanke der Gerechtigkeit bezieht sich somit auf dieses weite Feld und nicht mehr nur auf das menschliche Leben. Zwar ist diese Forderung in sich selbst hinreichend begründet und bedarf keiner weiteren Rechtfertigungen. Doch deren alles überragende Dringlichkeit sollte uns Menschen auch allein schon aus Selbstschutzgründen einleuchten – wird uns doch täglich schmerzlicher bewusst, dass die Verletzung der Würde von Boden, Pflanze, Tier und den Elementen auf uns selbst zurückfällt und die Verwirklichung auch der Menschenrechte dramatisch mindert. Es ist deshalb überfällig, die Menschenrechtserklärung in eine „Allgemeine Erklärung der Lebensrechte" zu überführen.

*„Da die Anerkennung der angeborenen Würde und dergleichen und unveräußerlichen Rechte aller Mitglieder der Gemeinschaft der Menschen **und des Lebensnetzes auf dieser Erde insgesamt** die Grundlage von Freiheit, Gerechtigkeit und Frieden in der Welt bildet, da die Nichtanerkennung und Verachtung der Menschenrechte **und der Lebensrechte insgesamt** zu Akten der Barbarei geführt haben, die das Gewissen der Menschheit mit Empörung erfüllen ..."*

Hinsichtlich der Frage, wohin wir wollen, wäre ein solcher Schritt auf die Würde des Lebens, nicht nur die des Menschen zu, ein Quantensprung.

Einfachheit

Sinnfragen könnten sich in einer Kultur, die auf Wohlstand, relativ sicherer Versorgung und einem weitgehend stabilen politischen System beruht, anders stellen als dort, wo der tägliche Kampf ums Leben und Überleben den Alltag bestimmt. Wo also durch die weitgehende Befriedigung der Grundbedürfnisse geistiger Raum wäre für die wesentlichen Fragen des Seins, dominiert gleichwohl die Macht des Materialismus. Sie reicht bis tief in die Sehnsuchtsregungen des Menschen und sein Streben hinein. In dem, was du hast und was du in der Gesellschaft und in den Augen anderer bist, erkennst du dich wieder. Daran misst du dich zu wesentlichen Teilen und bestimmst, ob es gut so ist oder ob dir etwas fehlt. Die Sedierung durch das allenthalben mediale und digitale Rauschen tut ihr übriges.

Die herrschende Ökonomie versteht es, die Suchbewegungen des Menschen vom unbedingten und zeitlosen Gut hin zum bedingten und austauschbaren zu bewegen. Denn hängt das Herz erst einmal am Ding, kann es beliebig manipuliert werden. Den Neid und das Begehren durch Konsum stillen und beide immer wieder neu entfachen, wird eins. Moralische Gesetze und Appelle, die um des Ganzen willen auf Vernunft und Mäßigung zielen, erscheinen dann schnell als Gängelei und Unterdrückung.

Unter der Regentschaft von Maßlosigkeit und Übersättigung haben die zarten Rufe des Lebens kaum eine Chance, in das Bewusstsein zu dringen. Vor allem verschwindet die Frage aus dem Horizont, wohin wir als Mensch und als Kultur wirklich wollen.

Einfachheit wird hier zur Schlüsselorientierung. Sie repräsentiert kein asketisches Verzichtsideal, will nicht an der Schönheit und der Ästhetik des Seins sparen. Vielmehr steht sie für das angemessene Maß in allen Dingen. Bescheidenheit und Anspruchslosigkeit treten an die Stelle der Jagd nach immer mehr.

Einfachheit öffnet den Raum für die Besinnung auf das Wesentliche. Die Lebensimpulse auf den verschiedenen Seinsebenen bewegen dann den Menschen und nicht die Verdinglichungen, nicht die austauschbare Medien- und Warenästhetik und nicht die Magie des Geldes. Auf das zu verzichten, was es zu einem Leben in Würde nicht braucht, befreit. Und diese Befreiung benötigt wenig Voraussetzungen. Wer sie wirklich sucht, kann sie in jeder Lebenssituation, jeder Lebensphase und auf jedem sozialen und kulturellen Niveau erringen.

Einfachheit ist eine Lebenshaltung, und sie lässt sich entsprechend nicht abstrakt und von außen bestimmen, sondern immer nur konkret persönlich, entsprechend der jeweiligen Lebensbedingungen, erspüren.

Und doch ist dieser persönliche Spielraum kein Attest für Beliebigkeit. Nehmen wir das Beispiel Geld. Es zu haben, ist kein Makel. Aber seine wesentliche Aufgabe liegt darin, lebensdienlich zu wirken und nicht Ausbeutungsprozesse bei Mensch und Natur zu unterstützen. Denn genau das geschieht, wenn ich Kapital um der puren Vermehrung willen anhäufe und dem Todeskreislauf des Großbankensystems anvertraue.

Einfachheit steht in Beziehung zu Bescheidenheit, ja, ich möchte mit einem alten Begriff sagen, Vornehmheit. Epikur von Samos (341–271 v. Chr.) weist uns darauf hin, dass wer Vornehmheit in ihrer Beziehung zur Einfachheit oder Schlichtheit des Lebens nicht beachtet, „ähnliches erleidet wie jener, der in die Grenzenlosigkeit des Genusses verfällt."

Als Haltung unserem Leben und dem Sein an sich gegenüber, hat *Einfachheit* auch eine innere Seite. Der frühere UNO-Generalsekretär Dag Hammarskjöld (1905–1961), ein Mensch, den wir wohl einen modernen Mystiker nennen dürfen, hat kurz vor seinem gewaltsamen Tod dazu Folgendes in sein Tagebuch geschrieben:

„Einfachheit heißt, die Wirklichkeit nicht in Beziehung auf uns zu erleben, sondern in ihrer heiligen Unabhängigkeit.

Einfachheit heißt, sehen, urteilen und handeln von dem Punkte her,
in welchem wir in uns selber ruhen.
Wie vieles fällt da weg!
Und wie fällt alles andere in die rechte Lage!
Im Zentrum unseres Wesens ruhend begegnen wir einer Welt,
in der alles auf gleiche Weise in sich ruht.
Dadurch wird der Baum zu einem Mysterium, die Wolke zu einer Offenbarung und der Mensch zu einem Kosmos, dessen Reichtum sich uns nie ganz enthüllt.
Für den Einfachen ist das Leben einfach, aber es öffnet ein Buch,
in welchem wir nie über die ersten Buchstaben hinauskommen."[1]

Solches *Einfachsein* hält uns in der Würde. Es beugt vor, zu einem Spielball äußerer Interessen zu verkommen. Es bewahrt uns in unserem tiefen Wesen. Hand in Hand geht Einfachheit mit der Freude. Und beide sagen Ja, in ihrem gelegentlich unbefangenen Staunen über den Zauber der Schöpfung.

Tapferkeit

In den antiken, aristotelischen Tugenden und ihrer Wiederbelebung in der Tugendlehre des Thomas von Aquin (1225–1274) spielt die Tapferkeit eine ganz wesentliche Rolle. Zwischen blinder Tollkühnheit und Feigheit liegend, gibt sie dem Leben Ernsthaftigkeit, Konsequenz und Verlässlichkeit. In ihr werde ich meiner Menschenwürde gerecht.

Tapferkeit kann als die Bereitschaft verstanden werden, im Ringen um die Verwirklichung des Guten auch Verletzungen, im Zweifelsfalle bis zum Tode, hinzunehmen, wie Josef Pieper dies in seiner Abhandlung „Vom Sinn der Tapferkeit" (1934) in Bezug auf Thomas konstatierte. Die Bereitschaft zur Verwundbarkeit entsteht um den Erhalt bzw. das Erlangen einer tieferen Unversehrtheit willen. Was die erste der vier Kardinaltugenden, die Klugheit, als gut erkannt und was in der zweiten, der Gerechtigkeit, seine lebensorientierte Gestalt findet, wird erst durch die dritte Tugend, die *Tapferkeit*, gegen Widerstände und Hemmnisse ermöglicht. Das heißt aber auch, dass Klugheit und Gerechtigkeit der *Tapferkeit* vorausgehen bzw. sie als Notwendigkeit begründen. Das angemessene Maß gibt dann als vierte Tugend dem Handeln seinen Rahmen.

Formulieren wir das in einer zeitgemäßeren Sprache, ließe sich sagen: Die Tapferkeit ist entscheidend für die Verwirklichung des Guten, und gut ist, was dem Leben dient, es schützt, bewahrt, ermöglicht. Offensichtliche Ungerechtigkeiten nimmt sie deshalb nicht widerspruchslos hin. Sie gibt sich zu erkennen als Authentizität, Wahrhaftigkeit, Selbstachtung und eine Entscheidungsklarheit, die aus der Vernunft *und* aus dem Herzen kommt. Vor persönlichen Folgen schreckt sie nicht zurück, hält die gerade in der Gegenwart verbreitete Unsicherheit aus.

Tapferkeit sollte nicht als Freiheit von Angst missverstanden werden. Allerdings lässt sie sich von ihr nicht beherrschen. Sie respektiert sie, auch als Ratgeberin inmitten der Bedrohung, hält sie aber in Grenzen. Der Angst ins Gesicht zu schauen, geht der Notwendigkeit voraus, ihre Ursache wirklich zu verstehen. Vorsicht, Behutsamkeit, Wachsamkeit, Sorgfalt und Geduld sind deshalb nicht der Widerpart, sondern die Begleiterinnen der *Tapferkeit*.

In der *Tapferkeit* nehme ich meinen Lebensauftrag, meine Berufung als Mensch an. Ich entziehe mich nicht dem Ringen, das mit jedem Werden verbunden ist. Denn täte ich das, raubte ich mir sowohl die Gegenwart wie auch die Zukunft.

Der bewusst gestaltete Prozess des Werdens zeigt sich darin, nicht nur Mensch zu bleiben im Angesicht der Entzweiung des Lebens. Über die Einsicht in die eigenen Schwächen sowie die eigenen inneren Widersprüche und Gegensätze hinaus gilt es vielmehr fortwährend neu Mensch zu werden. Die persönliche Existenz wird dadurch zu einem schöpferischen Akt, zu einer dynamischen Skulptur, deren äußere Erscheinung sich wandelt, während das Innere und Seelische sich reinigt und klärt. Ohne Preisgabe von so manchem Gewohnten und Bindenden und ohne das Zurücklassen von Dingen und Verdinglichungen, ist dieser Prozess auf Dauer nicht zu bestehen. Hier vereinigen sich *Einfachheit* und *Tapferkeit*.

Die vom einzelnen Menschen gesuchte Tiefe der Existenz fordert Mut. Das zeigt sich vor allem daran, dass im Durchschreiten des Werdeprozesses das gefestigt scheinende Identitätsgefühl zerbricht. Es beginnt sich zu weiten, wenn auch zunächst ohne klare Perspektive und in einen unvertrauten Raum hinein. Dieser Gang durch das, was

Mystiker als die dunkle Nacht der Sinne und des Geistes bezeugen, ist, auch wenn jeder Mensch ihn anders erlebt, unausweichlich. Er will durchlebt sein, so wie die Freude, die wartet, und wie die Rückschläge, die auch dem Erwachen wiederum folgen. Denn die Differenz zwischen der inneren geistigen Erfahrung und dem Herzgefühl auf der einen Seite sowie der nachhinkenden Verwirklichung in Haltung, Verhalten und Tun auf der anderen Seite, löst sich nie vollständig auf. In unserer irdischen Endlichkeit bleiben wir unvollendbar. Fehler und Irrtümer können als die natürliche Kehrseite des Vollkommenheitsbildes, das wir in uns tragen, gesehen werden. Zugleich sind sie Zeichen für notwendige Korrekturen im Sinne der visionären Orientierung, der Antwort auf die Frage also, wohin wir wirklich wollen.

Vergebung

Was der Mensch aus dem göttlichen Raum auf sich selbst gerichtet erhofft, sollte er gewillt sein, auch allen anderen Lebewesen zu gewähren. Wie in der biblischen Ermahnung „Liebe deinen Nächsten *wie dich selbst*" beginnt die Vergebung bei mir. Die Nachsicht gegenüber dem eigenen Denken, Empfinden und Handeln reift zur Voraussetzung dafür, einem anderen Menschen aus der Tiefe des Herzens zu vergeben.

Vergebung ist, so betrachtet, wechselseitig. Und dann lehrt sie uns, die Vergebung anderer nicht nur zu akzeptieren, sondern sie in Dankbarkeit als Wachstumshilfe anzunehmen.

Vergebung befreit auch wechselseitig. Wo nicht vergeben wird, herrschen Angst, Unsicherheit und Zweifel. Denn überall lauert scheinbar die Gefahr. Der Blick auf die Welt bleibt von Negativität getrübt. Statt Fehler, die zu korrigieren sind, sieht der zur Vergebung nicht bereite oder unfähige Mensch schwere Sünden, deren Schwere gleichwohl oft nur darin besteht, dass das kleine Ego sich verletzt fühlt. Der Liebe fehlt dann jeglicher Raum zur Entfaltung.

Es wäre allerdings ein Fehlschluss, würde man Vergebung als einen Ausweg aus notwendigen Klärungen ansehen. Von der Verantwortung für Gesagtes und Getanes kann auch Vergebung nicht befreien. Der Diskurs, das Erkennen und das Ansprechen in nichtverletzender Haltung werden nicht überflüssig. Und so folgt die Vergebung im Anschluss an den Dreischritt von Erkennen, Verstehen und Zur-Sprache-Bringen. Das führt Vergebung in einen Prozess. Es ist keine einmalige Aktion. Vielmehr ist es eingebunden sowohl in die innere Klärung als auch die zwischenmenschliche Kommunikation. Damit können großartige Lernschritte verbunden sein, in denen wir oft mehr von unseren so genannten Feinden lernen als von vertrauten Menschen, mit denen wir in gleicher Resonanz schwingen.

Vergebung ist ein großer Lehrmeister. Das ist eines der wesentlichen Themen des „Kurses in Wundern". Danach lehrt uns die Vergebung, dass Geben und Empfangen eins sind. Indem wir das Verzeihen schenken, empfangen wir die eigene Erlösung – oder etwas schlichter: die eigene Befreiung. Vergebung wandelt das Denken über einen Menschen oder ein Kollektiv, der oder das uns Unrecht oder

Leid zugefügt haben. Zugleich vollzieht sich dadurch eine Wandlung im Denken über uns selbst.

Auch läutert Vergebung. Ich stelle mich meinen Feindbildern, meinen Projektionen und Emotionen, beruhige das Aufgewühlte, bis die innere Wahrnehmung wieder klar ist. In der Kraft und Schönheit dieser Erfahrung steigt unweigerlich der Impuls empor, wieder neu auf das Du, von dem die Verletzung trennte und an das die Vergebung neu heranführen will, zuzugehen. Den ersten Schritt zu gehen, sollte nie durch die Frage aufgehalten werden, ob ich mich im Recht oder im Unrecht sehe.

Nach Jahrzehnten in Kerker- und Folterhaft des Apartheidregimes schlug Nelson Mandela (1918–2013), nun selbst in Südafrika an der Macht, nicht im Geist der Rache und Vergeltung zurück. Er richtete stattdessen mit Bischof Desmond Tutu Versöhnungskommissionen ein und ging damit auf die Peiniger zu, die ihn und sein Volk in Unterdrückung und Verfolgung gehalten hatten. Und Jesus nahm selbst Judas, der ihn verraten wollte, an und teilte mit ihm Brot, Wein und Worte. Demonstrativ wusch er ihm, wie den anderen Jüngern auch, die Füße (Joh. 13,1–5). Muslimische Eltern, deren Kind aus religiösem Fanatismus und Hass auf Andersdenkende getötet worden war, baten nach einer Zeit des Umgangs mit dem schlimmsten Schmerz um Vergebung für die Täter. Solche Beispiele demonstrieren neben der außerordentlichen menschlichen Größe vor allem, dass wir eins sind, auch mit denen, die sich von uns abgewendet haben …

Geduld

Es zeichnet den Menschen im Gegensatz zur Natur aus, dass ihn oft Eile und Unrast treibt, um Notwendiges und Gewolltes zu erlangen. Dabei ist er selber ein Exempel der beispiellosen Geduld der Natur. Und das in doppeltem Sinne: Einmal brauchte das Leben auf der Erde viele Millionen Jahre, um Homo Sapiens hervorzubringen. Zum anderen verwundert das lange Stillhalten der Natur gegenüber der Schändung, die sie durch ihr unersättliches Kind erfährt. Das allerdings hat sich mit COVID-19 und dem Klimawandel begonnen gründlich zu ändern.

Der Natur sind evolutionär bedingte Rhythmen eingegeben. Der Mensch der Neuzeit erzeugt demgegenüber Systeme und Strukturen, die sich auf Geschwindigkeit um ihrer selbst willen, grenzenloses Wachstum und schnellen Erfolg stützen. Dem Klang des Lebens ist solches wesensfremd. Es bringt Ungleichgewichte bei Mensch und Natur hervor und fordert bei beiden Opfer, die das Netzwerk des Lebens schwächen.

Der Antrieb, etwas haben zu wollen, etwas zu erreichen, zu Neuem durchzubrechen, macht viel des gegenwärtigen Menschseins aus. Es ist entscheidend verantwortlich für das, was *Fortschritt* meint und was von Segen und Fluch vergleichbare Anteile hält. Vor allem aber ist es ein Widerpart des Geduldhaften und dessen, was wir Nachhaltigkeit nennen.

Denn solches braucht Vertrauen in den Rat der Zeit; in die Selbstheilungsfähigkeit des Aufgewühlten durch Stille und Erkenntnis; in die eigenen Energien, wenn sie

Anlass und Raum zur Entfaltung erhalten; in das Gesetz der Resonanz, das zum Wirksamwerden manchmal seine Zeit benötigt; in die inneren Gesetze, nach denen sich die Dinge bewegen und die rechte Handlung recht-zeitig „von selbst" auftaucht. Auch das Vertrauen in die unsichtbaren Mitspieler auf der Bühne des Lebens und damit in eine höhere „Fügung" soll hier nicht unerwähnt bleiben. Gilt es doch manches, das wir zwar ersehnen, aber nicht machen und schon gar nicht zwingen können, loszulassen und an eine andere „Instanz" zu übergeben.

In der Geduld dehnen wir nicht nur die Zeit, sondern weiten uns über unsere Grenzen hinaus und lassen zu. Dieser Prozess ist ohne Stille und die Begegnung mit uns selbst kaum zu bestehen. Denn in der Stille lernen wir zu hören und zu spüren, was das Leben spricht. Dort verstehen wir uns selbst und was uns treibt. So wächst Selbstreflexion, lernt die Person die Geduld auch mit sich und kommt so zur Entfaltung. In allem bildet sich das rechte Maß. Manches, das uns dringlich schien, tritt nun zurück. Anderes, das wir bislang nicht kannten oder übersahen, erscheint im Raum der Wahrnehmung.

Geduld lässt zu, und sie hält aus. Da sie alles zulässt, was ist und sich uns zeigt, geht selbst inmitten der Bedrohung die Freude über eine Blume am Wegesrand, die Sterne am Himmel oder den Zauber von Musik nicht verloren.

Das Charisma der Geduld liegt auf mehreren Ebenen. Sie entschleunigt Prozesse, die in Hast und Unrast zu unangemessenen Resultaten führen würden. Sie hält in der Schwebe und konstatiert nicht voreilig Gewissheiten. Sie lässt dem Leben die ihm zugewiesene Geschwindigkeit und damit seine Würde. Sie beutet nicht aus. So wird sie zu einem Ausdruck dessen, was wir mit Albert Schweitzer *Ehrfurcht vor dem Leben* nennen.

Demut und Hingabe

„Demut" klingt in manchen Ohren unterwürfig, ja kriecherisch. Doch richtig verstanden, sprechen wir hier von jener inneren Haltung, die als tiefer Respekt vor der Größe der Seinswirklichkeit geboren wird. Dadurch, dass sie in einer tiefen Verbundenheit mit dem Leben steht, widerstrebt sie der Selbstüberschätzung, der Selbstüberhöhung und damit einhergehender Ich-Verhärtungen. Demut wird kraftvoll in der Anerkennung und Akzeptanz der eigenen Grenzen und in der Einsicht, dass immer eine Differenz zwischen dem als Ideal Erkannten und den eigenen Möglichkeiten besteht. Gleichzeitig stellt wahre Demut nicht das im Menschen strahlende Licht unter den Scheffel. Sie blockiert auch nicht die in ihm ruhende und auf Befreiung wartende Potenzialität. Sie sollte also nicht mit Sklavenbewusstsein verwechselt werden.

Demut heißt, im Dienst am Ganzen zu stehen. In der Demut wendet sich der Mensch aktiv dem anderen Leben zu, ermutigt, baut auf, ermöglicht. Er stellt sich damit aktiv seiner universalen und zugleich konkreten Verantwortung und arbeitet an der Überwindung erkannter Schwächen. Er nimmt sich da zurück, wo dies die Chancen auf Befreiung und Verwirklichung des Anderen stärkt. So wird die eigene Demut zur Energie des Du.

Doch auch Demut kann in Hochmut und Stolz führen. Das ist ihre naturhafte Gegenseite. Verhärtet sie zu einem Prinzip und verleitet in der Folge dazu, die eigene Demutshaltung mit jener anderer Menschen zu vergleichen, dann kann ausgerechnet die Selbstzurücknahme den Ausschlag dafür geben, sich über den anderen zu erheben.

In der Hingabe findet die Demut ihre Vollendung. Nichts wahrhaft Großes entsteht ohne sie. Als Willensakt setzt sie jedoch das Bewusstsein voraus, dass alles Sein auf eine universale Weise zusammenhängt. Wie die Zelle eines Körpers, die ihrem Auftrag nachkommt, der Entwicklung und dem Erhalt des Ganzen um den Preis des eigenen Seins zu dienen, nimmt sich ein Mensch im Akt der Hingabe von seinem Urtrieb nach bloßer Selbsterhaltung zurück.

In der Hingabe bricht ein Mensch mit der Fehlsicht, sein Leben ganz aus eigenen Kräften heraus gestalten und bewältigen zu können. Die Leidenschaft, die in der Hingabe als einer momenthaften Selbstvergessenheit lebt, hebt die konstruierten Grenzlinien zwischen Liebe, Leid und Vergänglichkeit auf. Und so ist die spirituelle Bedeutung der Hingabe unermesslich. Sie erst macht, in Verbindung mit der Vergebung, das möglich, was wir Erlösung nennen. Denn im letzten Grunde richtet sich alles Hingeben auf das Absolute, auf das Göttliche selbst. Nur hier findet ein Mensch jenes Vertrauen und jenen Halt, bedingungslos Ja zu sagen und sich in schutzloser Offenheit zu verschenken.

Durch die Hingabe und das ihr vorausgehende Vertrauen nimmt im Menschen das Göttliche seine befreiende Gestalt an. Sie sind die Antwort auf das, was wir als Endlichkeit erfahren.

Vertrauen

Vergebungs- und Versöhnungshandeln kann ohne Vertrauen nicht gedacht werden. Es sind Vertrauen und der fortwährende Mut dazu, die unermüdlich aus den Trümmern zwischenmenschlichen Scheiterns aufragen und mit denen wir Enttäuschungen überwinden. Nur wo gegenseitiges Vertrauen herrscht, haben Versöhnungsgesten die Chance, wahrgenommen und angenommen zu werden. Denn erst durch Vertrauen entsteht der Raum für gegenseitige Erfahrungen, die wiederum neues Vertrauen schaffen können. Wenn wir uns, etwa aufgrund schlechter Erfahrungen, gegenseitig nicht trauen, bestimmen Unsicherheit und Zweifel weiterhin das innere Empfinden und das äußerliche Handeln. Überall lauern dann in unserem Bewusstsein mögliche Konflikte und möglicher Verrat. Im Vertrauen lassen wir einen Teil von uns los und verzichten auf den Drang zu kontrollieren. Es entsteht eine neue Sicherheit, die nicht auf Beweisen gründen kann. Das hat viel mit Hingabe zu tun. Der Mensch löst sich aus der Zwangsjacke nagenden Zweifels, bringt dem Du Vertrauen entgegen und spricht es aus. Er bekennt sich damit zur Potenzialität des anderen und spricht ihm diese zu.

Vertrauen, auch Selbstvertrauen, richtet sich auf verschiedene Eigenschaften. So gestehe ich die Fähigkeiten zu, ein *Versprechen* zu erfüllen oder einem *Anspruch* gerecht zu werden. Hinsichtlich der *Verlässlichkeit* gehe ich davon aus, dass Worte und Handlungen übereinstimmen. *Aufrichtigkeit* lässt sich mit *Ehrlichkeit, Integrität und Authentizität* umschreiben, und *Engagement* meint, dass ein wahrhaftiges und handlungsorientiertes Interesse an dem gemeinsamen Prozess besteht.

Vertrauen hat jedoch auch eine noch tiefere Dimension. Letztendlich geht es, durch die eingebundenen Menschen hindurch, um das Vertrauen in den Heilsplan der Schöpfung und des Lebens selbst. Und hier beginnen in der Gegenwart die Herausforderungen, ja Zumutungen. Die Weltzeitstunde, in der wir leben, konfrontiert uns ja mit der selbstverschuldeten Infragestellung der Lebensbedingungen auf unserem Heimatplaneten und damit mit dem immer wahrscheinlicher werdenden Suizid unserer Gattung. Worauf soll sich hier noch Vertrauen richten? Auf eine allmächtige Gottheit, die alles wieder barmherzig richtet, was wir verschleudert und zerstört haben? Eine solche billige, narkotisierende Naivität sollten wir nicht einmal andenken!

Sicher, es geht nicht ohne ein letztes metaphysisches Vertrauen in das Unerkannte und nicht Voraussehbare, ein Vertrauen damit auch in den Wesenskern dessen, was wir das Göttliche nennen. Und es geht nicht, ohne Ereignisse und Kategorien zumindest hoffend im Spiel zu halten, die wir Wunder oder das völlig Überraschende nennen. Das gebietet schon alleine jene menschliche, auf das Himmlische gerichtete Kardinaltugend, die den Namen Demut trägt ...

Doch darüber hinaus werden wir ohne ein Urvertrauen in unsere eigene Fähigkeit und die Bereitschaft zur radikalen und konsequenten Umkehr keine Chance haben. Das meint die bedingungslos liebende Zuwendung zum Leben, nicht nur unseres eigenen, und das entsprechende Tun im Alltag ...

Viel spricht nicht für solches, auf die Menschheit oder auch nur unser Land hochgerechnet. Vertrauen meint dann: Trotzdem!

Tätige Hoffnung

Hoffnung ist ein Lebenselixier. Wo der Mut zum Sein im Angesicht von unerträglich scheinenden Existenzbedingungen auszubluten droht, sendet sie einen Lichtstrahl aus dem Möglichkeitsraum des Zukünftigen. So gibt sie dem verzagenden Menschen eine letzte Zuversicht an die Hand, die es vermag, ihn aus dem Dunkel der Seele zu führen.

Doch so manche *Hoffnung* verschlimmert das Befinden sogar, wenn die Hürden der Unwahrscheinlichkeit, die ihr gegenüberstehen, schlichtweg unüberwindbar sind. Ungesund wird *Hoffnung* schließlich auch da, wo sie der Gegenwart ihr Recht, ihre Würde und ihre Möglichkeiten raubt. Das ist der Fall, wenn in der Konzentration und Ausrichtung auf das ersehnte Zukünftige jenes nicht wahrgenommen wird oder entgleitet, was gerade dieser Augenblick an Richtungsweisendem beschert.

Falsche Hoffnungen wollen verabschiedet werden. Es scheint zweifellos gesünder, sich zu einer Hoffnungslosigkeit zu bekennen und sie zu durchleben, als die Lebensenergie durch Träume zu blockieren, die letztendlich betrügen. Dazu gehören jene Illusionen, in denen wir doch nur wollen, dass die Dinge sich so entwickeln, wie uns das vorschwebt und genehm ist.

Verwechseln wir aber zugestandene Hoffnungslosigkeit

nicht mit Resignation! Eher kann man sie als eine Ohnmacht mit offenen Augen verstehen. Sie hält in der Präsenz, in der Berührung mit dem, was gerade ist. So bietet sie eine Form von Halt in dem, was wir als Haltlosigkeit empfinden. Vor allem sagt sie ja zu dem, was gerade lebt, mag es auch schmerzen.

Hoffnungsenergie wird da geschwächt, wo sie sich lediglich auf das bereits Bekannte bezieht, von dem ich mir Vorstellungen machen kann. Das mündet dann zumeist in ein Streben, etwas festzuhalten oder es wiederzuerlangen. Es erschwert damit den Aufbruch in unbekannte Räume.

Hier nun wird eine Unterscheidung wichtig, nämlich die in billige und in *tätige Hoffnung*. Billig meint, dass sie sich auf die Verkündigung des Erhofften beschränkt und einen damit verbundenen unbegründeten Optimismus, dass die Dinge irgendwie gut ausgehen werden. „Das wird schon …"

Dann, so könnte man sagen, ist *Hoffnung* nichts weiter als Ignoranz, als fehlende Information bzw. eine fehlende Erkenntnis, die durch Denken und Beobachtung hätte erlangt werden können.

Tätige Hoffnung geschieht demgegenüber in einem Urvertrauen, dass das, was der Mensch tut, immer auch sinnhaft und heilend sein kann. Die Basis dieses Urvertrauens liegt also darin, Sinn auch dort sehen, wo der rationale Geist vielleicht verständnislos mit dem Kopf schüttelt. Nicht aus berechenbaren Wahrscheinlichkeiten speist sich dieser Sinn, sondern aus der Gewissheit einer Wirklichkeit, die höher ist als alle menschliche Vernunft. Dieser Wirklichkeit, der wir letztlich alles Sein verdanken, gibt sich die

Hoffnung vertrauend hin. Sie wird tätig für ein überzeitliches Ideal, das zugleich in der konkreten Zeit wahren Wandel auf den Weg zu bringen vermag.

Empfinden wir den Wunsch danach auch als noch so stark, ist es doch nicht von Belang, ob das Visionäre und Erhoffte bereits konkret geschaut werden kann. *Tätige Hoffnung* sieht sich unabhängig vom Ergebnis. Sie nimmt ernst, dass eine Möglichkeit und eine Zukunft zwar ersehnt und erkannt werden können, dass dies aber auch eine Anforderung darstellt, ja mit einer Bringschuld des Menschen verbunden ist – ohne die Garantie einer „Gegenleistung". Alle großen Visionen setzen dies voraus. Sie sind Ankündigung, also Indikativ, und Aufforderung, also Imperativ, zugleich.

Trotz allem hoffenden Voranschreiten bleibt das Zukünftige unverfügbar. Entscheidungen fallen letztlich immer in das Unvorhersehbare und im Dunkeln Liegende hinein. Und das ist gut so. Es hält Phantasie und Kreativität am Leben, widersteht einer Beherrschung durch das Bedürfnis nach Stabilität.

Der schwedische Dirigent Herbert Blomstedt bemerkt in einem Interview mit der „neue musik zeitung" (4/2020):

„Der Künstler wie auch der Komponist lebt in einer idealen Welt. Er schafft etwas aus seiner Phantasie. Menschen ohne Phantasie haben keine Hoffnung. Nur durch die Phantasie können wir uns vorwärts bewegen und vielleicht auch die Welt ein wenig verbessern. Vielleicht nicht global, aber zumindest in meinem eigenen Umfeld."[2]

Phantasie und Kreativität verhindern, dass Zukunft bloß als eine Verlängerung der Gegenwart gesehen wird und sich daran das Handeln orientiert. Das Verhältnis zwischen der Kontinuität, die wir als eine Grundenergie brauchen und dem Bruch mit Gewohntem, um unvorhergesehenen Veränderungen eine Chance zu geben, muss immer wieder neu austariert werden. Beide stehen in einer äußerst dynamischen Wechselbeziehung, die Aufmerksamkeit und Energien bündelt und bindet. Dann heißt es Innehalten, Reflektieren und sich neu Ausrichten.

Hoffnung, Unverfügbarkeit, Erkenntnis, Vertrauen und Wandlung also wollen zusammengedacht, zusammengefühlt und in tätiges Sein überführt werden. Eine so eingebettete *Hoffnung* sieht sich geerdet. Wer sich ihr hingibt, endet nicht in Verzweiflung. Sie führt in das, was wir Leben nennen, und sie hält darin.

Die heilende Qualität der Sünde

Die Liebe zu veredeln, wird uns von dem, was *Sünde* genannt wird, vermutlich nicht grundsätzlich befreien. Sie bleibt dem Menschen als eine jederzeitige Möglichkeit eingegeben. Wir können sie verstehen als Mahnung des Endlichen, des Bedingten und des Vorläufigen. Sie erinnert an unsere Unvollkommenheit. „Sünde", das meint, dass der Mensch sich in eine existenzielle Trennung von seiner eigenen potenziellen Größe begeben hat. Und er nimmt diese Trennung hin bzw. hat es aufgegeben, sie zu überwinden. So verbirgt sich das vor uns, was wir das „Gute" nennen.

In der sogenannten Sünde verweigert sich ein Mensch der Selbstfindung und Selbstbestimmung. Damit verfehlt er sich. Und mit sich verfehlt er auch das Ganze.

Sünde wird real nicht erst im Tun, sondern sie entsteht bereits als Gedanke, in dem sich die dann willentlich getroffene Entscheidung vorbereitet. Unsere Gedanken erscheinen als infiltriert, getrübt und abgewendet von dem Lichtstrahl einer Liebe um ihrer selbst willen. Sie setzen das Endliche und Vergängliche absolut. Die Herrschaft der Triebe, der Affekte und der Sinnlichkeit stehen dafür. Damit wir uns nicht falsch verstehen – Sinnlichkeit an sich ist das vielleicht wunderbarste Geschenk des Lebens an sich selbst. Doch sie kippt zur Triebsteuerung, wenn sie als Zielpunkt Liebe für den schnellen und selbstsüchtigen Kick instrumentalisiert.

In den sieben sogenannten Todsünden – Hochmut, Stolz, Geiz, Völlerei, Neid, Unzucht, Zorn und Trägheit/ Acedia – wird die Vergötzung des Endlichen theologisch zum Ausdruck gebracht. Jeder Mensch trägt die Anlagen dazu in sich. Doch zur „Todsünde" werden diese Verhaltensweisen erst, wenn sie bewusst, zustimmend und gewollt ins Leben und das Verhalten treten. Beispielhaft verdeutlicht das die literarische Gestalt des Don Juan, dem Inbegriff des narzisstisch verblendeten Frauenhelden. Sein auf selbstsüchtige Lust gerichteter Befriedigungszwang degradiert jedes ihm in Intimität begegnende Du zum Objekt seiner Begierde. Es wird austauschbar. In dieser Haltung des Missbrauchs kommt es zu einer tiefliegenden Störung und Verletzung des Zusammenlebens. Die Würde des anderen und damit auch die eigene werden verwundet. Don

Juan produziert Opfer. Er steht für die Deformation eines Charakters, die aus unreflektierter Gewöhnung an seine Eigenschaften erwächst. Indem er seine Vergänglichkeit negiert, erniedrigt er sich selbst zur tragisch-lächerlichen Gestalt, die an dem zerbricht, was sie sich als höchstes Gut erwählte.

Sünden bereiten sich langsam und schleichend im Menschen vor. Schritt um Schritt ergreifen sie den inneren Raum. Sie machen sich Affekte dienstbar, die noch immer tief auch im modernen Menschen ruhen. Sie bleiben entfesselt und verroht, solange sie nicht von Kultur und innerem Wachstumsstreben verfeinert werden. So betrachtet, kann die Sünde als Anreiz und Erinnerung gesehen werden, immer wieder neu zu beginnen und sich in eine innere Ausrichtung zu begeben, die in Resonanz mit der Energie unerschöpflich fließender Liebe stellt. Dann offenbart gerade die sogenannte Sünde eine heilende Qualität, die selbst den Anstoß zu ihrer Überwindung gibt!

Auch hier weist Selbstreflexion uns den Weg. Es ist das Erkennen des unangemessenen Denkens und Handelns, das dem Verstehen und dann den entsprechenden Konsequenzen voraus geht. Vorbehaltlos, offen, ja liebevoll will die eigene Geschichte inklusive ihrer sogenannten Abgründe betrachtet werden. Zu mir selbst in eine Art überpersönlicher Zeugenschaft zu treten hilft dabei. Sie bewahrt uns davor, in tränentriefenden Schuldvorwürfen zusätzlich Wunden zu reißen und damit die notwendige Klarheit doch einfach nur sentimental zu vernebeln.

Zuversicht

Das Gegenwärtige konfrontiert uns wahrlich mit reichlich Einsichten, was unser Sein als Mensch und Menschheit betrifft. Das nüchterne Auge erkennt in dem, was ist und auf uns zukommt, ein Kaleidoskop des Schreckens. Das pandemische Außer-Kraft-Setzen der sogenannten Normalität und der für selbstverständlich gehaltenen Rechte und Freiheiten; der radikale Wandel der klimatischen Verhältnisse; das Sterben von Natur und unzähligen Arten; das unvorstellbar auseinanderklaffende Verhältnis von Reichtum und Armut, Überfluss und Elend; die suizidale Uneinsichtigkeit und Bequemlichkeit einer Gattung, die in ihrer (auch kollektiven) Egomanie an Unersättlichkeit zu ersticken droht. Worauf könnte in diesem Wimpernschlag der terranen Evolution *Zuversicht* gründen?

Was wir *Zuversicht* nennen, hat nichts mit Realitätsverweigerung zu tun. Gerade die Risiken der Existenz geraten vielmehr nie aus dem Blick, sind sie doch der Ausgangspunkt für eine Zukunftsperspektive, die dem wahrscheinlichen negativen Ausgang eine konstruktiv positive Grundhaltung gegenüberstellt. Missverstehen wir das bitte nicht als unbegründeten oder gar naiven Optimismus. Denn dahinter stecken eine reflektierte Abwägung und ein Kalkül, die sich mit der Entschlossenheit verbinden, konsequent lösungsorientiert zu denken und wenn möglich auch zu empfinden. Wer in der *Zuversicht* lebt, lässt sich die Grundannahme eines positiven Ausgangs, einer darauf bezogenen Orientierung und entsprechenden Handelns nicht aus der Hand nehmen. Lebensbejahung, Lebensfreude und ein pragmatischer Lebensmut greifen ineinander. Gegründet sind sie in einem existenziellen Urvertrauen.

Berechtigt mag man hier nun fragen, was denn „positiver Ausgang" meine, wenn doch absehbar ist, dass so viele Dinge den Bach hinuntergehen. Nun, positiv sollte nicht mit der Illusion verwechselt werden, es werde wieder so, wie es einmal war, oder es entwickele sich doch alles so, wie ich es erträume und erwarte und das alles ohne Veränderungs- und Wachstumsschmerz …

Zuversicht, etwa inmitten einer Pandemie wie der, die uns ergriffen hat, meint zunächst, den damit verbundenen Schwierigkeiten standzuhalten, sich nicht desillusionieren zu lassen und nicht die Segel des Urvertrauens mitten im Sturm der Wandlung vor lauter Angst einzuholen. Sie führt in das *Hindurch* und richtet den Blick auf das Neue, das auf Enthüllung und Verwirklichung wartet. Und sie behält diesen Blick bei, selbst wenn im Nebel noch keine Konturen erkennbar werden. Wer *Zuversicht* in sich trägt und in dieser Haltung anderen Menschen begegnet, lässt sich nicht zum Opfer der Verhältnisse machen. Er glaubt an das, was ihn stärkt und interveniert allein schon dadurch konstruktiv in das Geschehen und die mentalen Felder anderer Menschen.

Hinsichtlich zahlreicher Entwicklungen müssen wir akzeptieren lernen, dass sie nicht nach unseren Wünschen ausgehen, und dass sie mit Schmerzen und gravierenden Verlusten bei Mensch und Mitwelt verbunden sein werden. Doch selbst dann gibt es überall Spielräume und Fenster der Ermöglichung zu entdecken, die vielleicht zu völlig neuen Perspektiven führen. Das Erspüren solcher Spielräume und

Fenster schwächt die Angst, etwas zu verlieren, eine Angst, die uns klein macht und klein hält.

Zuversicht im aufrechten Gang steht für eine Lebenshaltung. Sie kann gelernt und in jedem Augenblick neu eingeübt werden. Wenn diese Weltzeitstunde etwas von uns fordert, dann dieses. Das Vergehen auch der größten und entwickeltsten Kulturen in der Geschichte hängt mit einem Verlust an kreativer, pragmatischer und vertrauender *Zuversicht* zusammen, die unendlich mehr ist als der Drang zum Festhalten und Konservieren.

Menschen, die inmitten eines sich abzeichnenden oder bereits vollziehenden Desasters trotzdem *Zuversicht* in sich tragen, sie ausstrahlen, kommunizieren und damit anstecken, sind die wahren Heldinnen und Helden des Alltags, die das Leben so dringend braucht. Das Zeitgefühl, das sie in sich tragen, nennen wir „Kairos".

Jetzt, in diesem Moment, ist deine Zeit. Sie enthält Möglichkeiten. Lass sie nicht verstreichen.

Die Kraft des Mitleids

Das Mitleid hat es schwer in unserer Zeit. Die Menschheit wird von Bildern des Leids in einem Maße überschwemmt, dass feinere und unterscheidbare Empfindungen ersticken. Fremdes, telegen zugerichtetes Leid dient als Stilmittel und Quotenbeschaffer für das Universum der elektronischen Medien und der Presse und zugleich bedient es voyeuristische Instinkte der Mediennutzer. Zu dieser Ausbeutung des Leids treten Gewöhnung und Abstumpfung. Dahinter kann sich dann umso besser verbergen, was an Leid dem Blick der Öffentlichkeit und des Einzelnen bewusst entzogen werden soll.

Wo die Kraft des Mitleids sich nicht kultiviert und entfaltet, dort sehen wir uns mit innerer Verhärtung und Verrohung konfrontiert. Gleichzeitig verkümmert die Fähigkeit, Glücksempfinden zu teilen und sich mitzufreuen. Wer kein Mitleid spüren kann, der kann auch keine Freude empfinden, die über den Ich-Bezug hinausgeht. Ein Mensch ohne Mitleid mit dem Leben fristet, verbannt in sich selbst, eine verworfene Existenz.

Mitleid haben, heißt Leiden. Das Leid des verwundeten anderen verwundet mich selbst. Und wer dem Anblick dieser Erde mit ihrer Zerrissenheit, den Demütigungen und Gewaltexzessen gegenüber jeglichen Formen des Lebens nicht ausweicht, für den wird das Verwundetsein dauerhaft. Es macht die Lebensfähigkeit des mitleidsfähigen Menschen aus, daran nicht zu zerbrechen und sich nicht lähmen zu lassen. Leid, Mitleid und Freude gehören gemeinsam zum Leben. Eine reine Mitleidsethik erweist sich letztlich als unangemessen für eine wahrhafte Auseinandersetzung mit dem Leid. Denn wo das Mitleid begonnen hat, die innere Haltung eines Menschen zu dominieren, schwächt es, wird es sentimental, destruktiv und blockiert den klaren Blick auf Handlungsoptionen. Auch lenkt es an dem Wissen vorbei, dass nicht alles geheilt werden kann, dass es den natürlichen Gleichgewichtszustand von Leben und Tod gibt.

Mitzuleiden und doch handlungsfähig zu bleiben; sich verwundbar zu halten, ohne in Tränen zu ersticken; an den

Heilungskräften zu arbeiten und doch die Vergänglichkeit sehen und respektieren ... in diesem Maß liegt die Kraft des Mitleids.

Wahre Ethik ruht in freier Spiritualität

Das Scheitern ethischer Konzeptionen, die abgekoppelt sind von einem spirituellen Weltzugang, ist vorbestimmt und unvermeidbar. Sie zerbrechen letztlich an einer unerbittlichen Welt, die verfangen ist in Eigeninteressen.

Wie oft wird Ethik lediglich als Reaktion auf menschliche Unzulänglichkeiten und als Abwehrmechanismus gegen individuelle, soziale und gesellschaftliche Fehlentwicklungen angesehen. Doch diese Ethik des Vorläufigen entbehrt dann jenes Sinnhorizonts, der über die Mauern des Gegenwärtigen und Aktuellen hinausweist. Ihr fehlt die Begründung über die Zeiten hinweg. Vor allem kennt und erkennt sie nicht den Impuls des ganzen Lebens, in dem Menschliches, Geistiges und Göttliches sich verbinden. Ihre Heimat ist das bloße So-Sein im Hier und Jetzt. Dessen Grenzen sind ihre Grenzen. Und an diese stößt sie jederzeit.

Doch auch ein Ethos, das sich zwar spirituell nennt und begründet sieht, muss scheitern, wenn es sich in der Engführung, Abgrenzung und Unerbittlichkeit eines religiösen Systems erschöpft. Jegliche Fundamentalismen der Gegenwart – gleich aus welcher Tradition sie stammen – sind dafür beredte Zeugen. Spiritualität als personal und/oder gemeinschaftlich gelebte Gottessehnsucht benötigt einen weiten Entfaltungs- und Entwicklungsspielraum. Sie ist ein Kind der Freiheit. Wo diese Freiheit fehlt, sollten wir eigentlich nicht von Spiritualität, Geistgeleitetheit, sprechen. Denn auch Ethik verkümmert in der Folge zur angstbesetzten oder überheblichen, sprich blinden Moral.

Es gilt also wohl der Satz, dass Ethik und Sittlichkeit der spirituellen Umsetzung bedürfen, um nicht von der Tiefe des Lebens entfremdet zu werden oder sie gar zu verlieren. Es gilt gleichzeitig aber auch, dass eine ganzheitliche Ethik, die sich geborgen sieht in einer ganzheitlichen Spiritualität, eine freie Ethik ist. Denn Ganzheitlichkeit meint Freiheit, meint Prozess, meint Entwicklung.

In der Verschmelzung von Spiritualität und Ethik verschmilzt die Sehnsucht nach dem Unendlichen, nach dem Grundimpuls des Seins und Werdens mit den Erfordernissen, Möglichkeiten und Sehnsüchten in der Zeit.

Aus einer spirituell beheimateten Ethik spricht eine grundlegende Lebensbejahung. Dadurch erhält unsere innere Stimme, unser Gewissen, erst ihren vollen Klang. Sie macht aus dem kleinen Ich ein mit dem Leben vernetztes Selbst. Diese Einheit allein kann in ein inneres Gleichgewicht und in einen inneren Frieden führen, der dann auch den äußeren nach sich zieht.

Sein und Zeit

Äußere Welt und innere Kraft

Die äußere Welt gleicht im öffentlichen, medialen Bewusstsein einem aufgewühlten Meer. Nachrichtenstürme aus verschiedensten Richtungen peitschen es auf. Brennende Länder, Viren, Krieg und Migration, menschliche Katastrophen, leidende und sterbende natürliche Mitwelt …

Wie in diesem Toben die Koordinaten des eigenen Lebens im Gleichgewicht halten? Wie auf der Skala des realen und des bloß inszenierten Grauens die angemessene Relativität wahren, auch um handlungsfähig zu bleiben?

Eigentlich sprechen wir also von der Bewahrung unseres inneren Friedens, gleich auch, was „außen" geschieht; von Ruhe im Auge des Taifuns; von *Gewissheit* selbst dann, wenn das Verstehen noch scheitert. Gemeint ist dabei jene überzeitliche Gewissheit, getragen zu sein, auch wenn der Boden unter unseren Füßen, den wir stabil glaubten, erodiert.

Diese Gewissheit unterscheidet sich von Wissen und kognitivem Verstehen durch ihren Zugang. Er liegt nicht auf der Linie von Logik, Sachlichkeit und Rationalität im herkömmlichen Sinne. „Sachlich" können wir nur sein, wenn wir es mit Sachen zu tun haben. Vertrauen, innere Erfahrungsgewissheit und eine die Gesetze dieser Welt übersteigende Hoffnung sind unsachlich an sich. Denn sie wurden geboren in einer Dimension, die aus dem Quell des Lebens schöpft. Es ist der Ursprungsquell, in dem Welt und Überwelt noch vereinigt sind, irdischer Grund und geistiges Universum sich aufeinander bezogen sehen wie die zwei Seiten eines Goldstücks. Zwar können wir diesen

Quell erdenken, so wie er auch in diesen Worten Erwähnung finden mag. Doch um ihn zu spüren, sich mit ihm zu verbinden, müssen die Gedanken sich niederlegen. Hinter ihrem Ruheraum öffnet sich dann das Zimmer des Schweigens. Ohne Türen gelangen wir von dort in die raum- und zeitlose Stille. Sie empfängt, umfängt, trägt. Die Seele wird berührt, sanft und klar. Du bist deiner Heimat begegnet. Und von *hier* aus betrachtest du nun den Lauf der Dinge.

Es wäre uns nicht gemäß, den Bühnen der äußeren Welt eine Macht über das Bewusstsein zu geben, das in Erschrecken, Verunsicherung oder gar Lähmung führt. Auch der aus Verzweiflung geborene Aktivismus führt uns nur weiter von uns fort. Herausforderungen inmitten des irdischen Schauspiels wollen in den Ursachen verstanden und angegangen, Schäden minimiert und heilsame Handlungsoptionen im Nahen und Greifbaren erkannt und ins Leben getragen werden. Der Schlüssel dazu findet sich in der Pendelbewegung von Kontemplation und Aktion, von Stille, Besinnung und konsequentem Tun bzw. konsequentem Lassen. Wenig trägt beständig durch die Zeiten, das seinen Ursprung nicht in diesem Rhythmus fand.

Seinsangst und Hoffnung

In eine neue, dem Leben dienende Kultur aufzubrechen, wird immer wieder auch mit dem Gefühl und mit der Vorstellung von Unsicherheit, ja existenzieller Infragestellung verbunden sein. Dann mag auch Angst mit ins Spiel kommen. Das Pendel des Seins beginnt zwischen beflügelndem

Aufbruchsgeist und der Schwerkraft, die Bestehendes und Vertrautes halten und sichern will, zu schwingen. So vieles in der Geschichte des Menschen ist dieser Schwerkraft letztendlich erlegen. Zu oft haben sich Beharrung und Gewöhnung und die darauf bezogene Trägheit als zu mächtig erwiesen und so noch die schönsten Aufbrüche blockiert, ja zugedeckt. Angst gehört neben der Beharrungsenergie zum Ursprung dieser Schwerkraft. Sie drückt einen Zustand aus, der sich auf etwas Bedrohliches und zugleich doch Unbestimmtes, ja Diffuses bezieht. Wir sprechen hier von einer Grundbefindlichkeit des Menschen, die in jedem von uns ruht, wenn auch in jedem Menschen auf andere Weise. Nennen wir sie Seinsangst. Es ist jene tiefe Empfindung und seelische Regung hinsichtlich des jederzeit drohenden Verlustes und Niedergangs. Ja, es ist das abgrundtiefe Erschrecken vor der immer lauernden Möglichkeit des Nicht-Seins. Das kann dann sogar feindselig machen gegenüber den eigenen Möglichkeiten und gegenüber der Einsicht, dass nur das, was sich in Bewegung und Transformation befindet, noch lebt. Erstarrung ist eine Folge, verbunden mit der Suche nach einer festen und vermeintlich unvergänglichen Form. Diese Seinsangst ist der natürliche Gegenspieler des Visionären. Und als solcher will sie gesehen und verstanden, ja respektiert und wohl sogar gewürdigt werden. Denn die Erschütterung, die von ihr ausgeht, zwingt zugleich zur fortwährenden Auseinandersetzung mit einem nach vorne gerichteten Bewusstsein. So können wir bewahrt werden vor Hybris und vor Vermessenheit, die gleichfalls dem Visionären beigegeben sind. Manchmal geben sich in dieser Befindlichkeit auch Anzeichen dafür zu erkennen, dass eine bestimmte Entwicklungsstufe in unserem Sein begonnen hat, sich zu erschöpfen. Die angestaute Energie, die als Angst ans Licht tritt, kann dann zu einem Fingerzeig für neue Wege werden, die aus der Verunsicherung führen. So mag aus Angst heraus gar ein vorsichtig neu erwachendes Vertrauen entstehen.

In dieser durch Verunsicherung und Angst provozierten Neuausrichtung des menschlichen Seins kommt der Hoffnung eine besondere Bedeutung zu. Aus den vergangenen und gegenwärtigen Erfahrungen gewachsen, richtet sie sich auf das Kommende. Im Ringen um ein noch unerkanntes Morgen stärkt sie das Hindurch, gibt den geistigen und körperlichen Abwehrkräften Nahrung. Sie stützt die Vision. Hoffnung – wohlgemerkt als orientierende und tätige und nicht als blinde Hoffnung – führt der Einheit von Leib und Seele da neue Energie zu, wo das Leiden an der Gegenwart die Kräfte zu verzehren droht, die ein Umsteuern einfordert. So betrachtet, hieße Hoffnung aufzugeben, die Zukunft zu verspielen.

Angst und Hoffnung in einem Gefäß können als Zaubertrank wirken in dem, was wir Kulturheilkunde nennen. Gelenkt durch die Vision führt dieses Lebenselixier in eine Antwort auf die Schwebesituation des Menschen zwischen Schon-jetzt und Noch-nicht. Es schenkt vertrauende Erwartung und kräftigt damit das Durchhaltevermögen selbst in Zeiten wie diesen.

Weltfremdheit

Die Verwüstung im Äußeren auf der Erde, die spiegelbildlich dem Inneren des Menschen folgt, führt uns in einen Zustand, den wir als *Weltfremdheit* bezeichnen können. Sie begann, als wir die Bindung an unseren Ursprung und unsere Beheimatung im kosmischen Ganzen schrittweise abschnitten und uns in der Folge selbst fremd wurden. Je unerbittlicher wir uns darin zeigten, nicht nur die Materie zu beherrschen, sondern das Leben an sich, umso mehr löste sich die Empfindung der Verbundenheit auf. Das Ich rückte fortan ins Zentrum, und es bewegte sich in eine egozentrische und anthropozentrische Weltwahrnehmung und Weltaneignung. Unermessliche materielle Güter und Reichtümer entstanden daraus. Doch zugleich vergrößerte sich die Not. In den Folgen der Plünderung unserer Erde findet sie einen dramatischen Ausdruck. Wohlstand entstand um den Preis des Notstands, Überfluss um den des Mangels, Freiheit um den der Abhängigkeit. Entwicklung kam um den Preis der Vernichtung.

Sich nur selbst zu sehen und die eigenen Bedürfnisse absolut zu setzen, führte in die radikale Vereinsamung unserer Gattung. Sinnfällig zeigt sich dies etwa darin, dass ein Großteil der Menschen in der Unwirtlichkeit urbaner Steinwüsten mehr Heimatgefühle entwickelt als in der verbliebenen Natur. Gewiss, Natur hat auch in industriegesellschaftlichem Kontext einen gewissen Stellenwert. Doch bei diesem geht es selten um den Selbstwert des Naturhaften und einen entsprechenden Respekt. Vielmehr steht seine Nützlichkeit als Konsumraum im Vordergrund.

All dies ist keine Episode, die kam und wieder gehen wird. Nüchtern und illusionslos gilt es vielmehr zu registrieren, dass die herrschenden Formen politischen, ökonomischen und kulturellen Verhaltens die Erde und damit auch uns selber geistig und strukturell in einem eisernen Griff halten. Er lässt in unserem Denken und unserer Vorstellungskraft kaum noch Freiheitsräume, in denen eine andere Welt sich träumen, entwerfen und entwickeln könnte. Der Zugang zu dem uns als Menschen und Völkern angemessenen Maß auf allen Lebensebenen ist weitestgehend verbaut. Selbstgenügsamkeit ist aus dem Wortschatz verschwunden. Wir stehen gleichsam vor einer Wand. Hier gilt es zu sehen, dass sie am Ende einer evolutionären Sackgasse liegt. Dort wartet der Entzug nicht nur der menschlichen Lebensgrundlagen.

Das vertraute Menschheitszeitalter und der gegenwärtige evolutionäre Erdzustand, der viele Jahrtausende unzähligen Arten Behausung bot, geht somit auf sein Ende zu. *Täglich* betrifft das bereits seit vielen Jahren etwa 200 Arten. Doch bei allem apokalyptischen Realismus muss dies nicht unbedingt das Ende der menschlichen Geschichte bedeuten. Es tritt vielmehr auf als der folgerichtige Schritt, der inmitten des Schreckens doch als Chance zum sinnvollen Zukunftshandeln gesehen werden will. Im bedingungslosen Loslassen lebensuntauglicher Sichtweisen, Empfindungen und Verhaltensformen kann der Bewusstseinsraum dafür entstehen. Und wenn dem Bewusstsein dann noch die Liebe zum Leben und daraus geborene Empfindungen folgen, wäre das nicht mehr und nicht weniger als der so notwendige Sprung über unseren eigenen Schatten. Er birgt das Potenzial, die Richtung jener verhängnisvollen evolutionären Energie zu überwinden, die uns noch immer trägt und uns vor sich her ins Verderben jagt.

Anders ist normal ... Kontingenz

Ein wenig Scheu stellt sich schon dabei ein, etwas über die vielleicht größte Selbstverständlichkeit innerhalb der menschlichen Existenz niederzuschreiben. Das Abgleiten in die Banalität ist schnell passiert.

Es geht um die grundsätzliche Offenheit und Ungewissheit unserer Seinserfahrungen. Legionen von Philosophen, Theologen, Psychologen und Soziologen haben sich darüber ausgelassen, oft in epischer Breite. Doch alle Reflexionen über das, was *Kontingenz* genannt wird, verdichten sich letztendlich in den Aussagen:

Das Bestehende, so wie es sich uns zeigt, ist keinesfalls notwendig.
Alles könnte auch anders sein und manches sowohl „falsch" als auch „richtig".
Zufälle, bzw. Nichtvorhersehbares oder Ableitbares, intervenieren in Entwicklung und wirken richtungsweisend.
Als gesetzlich angesehene Ursache-Wirkungs-Zusammenhänge in der menschlichen Geschichte können jederzeit gebrochen werden.

Mit wachsender Größe, zunehmender Differenzierung und abnehmender Überschaubarkeit steigert sich das, was wir

Komplexität nennen. Und mit ihr wächst die Wahrscheinlichkeit von Kontingenzerfahrungen. Beide hängen untrennbar zusammen. Da es jedoch für Menschen, Systeme und Kulturen nichts Unerträglicheres zu geben scheint als fehlende Berechen- und Planbarkeit, existiert seit jeher das Ansinnen, beide in Strukturen einzufangen und sie durch verbindliche Regeln und Ordnungen zu fesseln. Das jederzeit Mögliche sowie Ordnungs- bzw. Verlässlichkeitserwartungen stehen sich nun in einer Spannung gegenüber, die durch nichts aufzulösen ist. Auch durch nackten Pragmatismus kann sie immer nur kurzfristig überdeckt werden.

Da scheint nach dem Schock der Finanzkrise gut zehn Jahre später wieder alles im Griff, die Wirtschaft wächst, die Staatsfinanzen sind geordnet, und die Menschen wirken überwiegend zufrieden. Doch auf einmal schaut wie aus dem Nichts COVID-19 um die Ecke, und alles ist in kürzester Zeit anders. Weltweit. Jetzt setzt kollektiv eine Erfahrung ein, die jede Frau und jeder Mann und jedes Kind von Geburt an lernt, nämlich dass da wenig sei, woran man sich wirklich halten kann.

Selbst die Vernunft erleidet einen akuten Schwächeanfall, zumindest jene herrschende und selbstherrliche Vernunft, die alles daraus ableitet und darauf bezieht, dass das Geschehen in der Welt allein von uns und unserer Denkmächtigkeit abhinge. Die mit dem Erkennen dieser Fehleinschätzung einhergehende narzisstische Kränkung will erst einmal verarbeitet sein.

Ein Reflex auf das durch Kontingenzerfahrung ausgelöste Erschrecken führt Menschen in den Ruf nach Transzendenz. Doch Vorsicht: Nirgendwo ist Kontingenz stärker beheimatet als im Raum des Numinosen. Spätestens wenn die Frage auftaucht, wie eine liebende und zugleich allmächtige Gottheit all das Desaster auf der Erde zulassen könne, bricht auch hier Sicherheitsbewusstsein weg. Wer also Halt sucht, sollte sich nicht an vordergründige Heilserwartungen klammern. Nicht zuletzt die Bibel kann in ihren Weisheitsschriften als das Standardwerk menschlicher Kontingenzerfahrung betrachtet werden. Denken wir etwa nur an Hiob oder Kohelet. Und sowohl Jesus als auch Buddha mahnen zur bedingungslosen Kontingenzbereitschaft durch Wachheit und Achtsamkeit. Irritation durch Unvorhergesehenes dient dabei als wohl beste Lehrmeisterin.

Gilt es also, die scheinbare „Unordnung" von Welt und Sein einfach so hinzunehmen bzw. sie allenfalls als Teil einer unsichtbar verbleibenden Ordnung zu sehen? Gewiss – und trotzdem liegt auch hier ein möglicher Segen in der inneren Haltung. Es ist jene Haltung, die in Unberechenbarkeit keinen Fluch sieht, sondern den Gang der Dinge. Alles lerne ich dann zu betrachten im Horizont eines möglichen Andersseins. Ich übe mich in Hingabe, was Offenheit und Demut gegenüber dem Unerkennbaren und Unberechenbaren betrifft. Wenn der Mensch in der Kontingenz fließt, er sie als seinen Lebensfluss erkennt und anerkennt, dann wird uns die Wirklichkeit trotzdem zwar immer wieder mit Überraschungen konfrontieren. Aber wir vermögen sie als Ausdruck der unendlichen Vielfalt eines schöpferischen Universums zu respektieren und zu schätzen und als einen Reichtum, in dessen Mitte wir uns bewegen.

Jenseits, Leere und Bewusstsein

Das sogenannte „Jenseits" liegt im Herzbereich der großen religiösen Traditionen. Manche sagen, es schreibe den Dualismus in der Weltsicht fest und entstamme einem antiquierten Denken, welches in das Irdische und Niedere sowie das Himmlische und Höhere unterteile.

In den mystischen Traditionen der spirituellen Wege wird diese Frage in den Innenraum des menschlichen Bewusstseins verlegt. Es sind dann die Innenwege, es ist die innere Erfahrung, die Schau des Urgrunds, auf denen du nicht in ein Jenseits, aber zu den Quellen, dem Ursprung und einer darauf bezogenen Berührung gelangst. Auf diesen Seelenpfaden lösen Trennungen sich auf; die Welle spürt sich als Teil des unendlichen Ozeans; das Bewusstsein verschmilzt mit dem Sein; der Himmel breitet sich aus in dir …

Eigentlich gäbe es wenig mehr an Wesentlichem zu sagen.

Zu der Jenseits-Frage gehört als eine Antwort jedoch auch, dass da nichts sei, nichts als Leere – kein Gegenüber, kein göttliches DU, keine Anderswelt, kein Schöpfungsquell, kein tragender Urgrund. Leere kennzeichnet danach das Wesen von Allem bzw. die Nicht-Existenz des Seienden, wie wir es uns vorstellen und wahrzunehmen glauben. Leere repräsentiere das nackte Sein, bevor es mit Deutungen und persönlichen Konstruktionen in Bilder und Ideen gepresst wird, die lediglich Kopfgeburten sind. Auch dass diese Konstruktionen ja Folgen haben, zu einer Wirklichkeit werden, die unter anderem in unseren Gefühlen der Welt gegenüber einen Ausdruck findet und diese Welt maßgeblich beeinflusst und verändert, erscheint dann wiederum nur als Schein. Gleichwohl suchen Menschen in allen Traditionen doch einen zumindest letzten inneren Halt. Und so wird die Leere zur unermesslichen Fülle erhoben, die alles in sich trägt.

Dass wir in der Fülle ruhen, wenn wir das Äußere loslassen, wer könnte dem nicht zustimmen. Allerdings sollte man dann nicht mehr mit dem Begriff der „Leere" arbeiten, und schon gar nicht mit dem des „Nichts"; denn immer *ist* etwas, und Fülle als innere Empfindung kann nicht leer sein.

Letzte Fragen, die das personale Bewusstsein übersteigen, entziehen sich der Beantwortbarkeit. Und so macht es wenig Sinn, der Gewissheit von der Leere andere Gewissheiten konkurrierend gegenüberzustellen. Doch ich möchte die Perspektive verändern und daran erinnern, dass alle menschliche Wahrnehmung dem kosmischen Grundgesetz der Resonanz folgt. Und das heißt unter anderem, dass wir normalerweise nur das wahrzunehmen vermögen, woraufhin wir geistig, seelisch und sinnlich gestimmt sind.

Trotzdem bleibt immer ein Geheimnisraum, bleibt jene *Wolke des Nichtwissens*, der wir nur mit Ehrfurcht und auch Demut begegnen können. Denn das Bedingte und Relative des Menschen kann nie hinreichend das Absolute umfassen, auch wenn es Teil von diesem ist.

Schließlich wartet noch jenseits aller Jenseitsvorstellungen und religiösen Gewissheiten jener Auftrag, der wohl den tieferen Sinn des Menschseins überhaupt ausmacht: *Entfaltung, Gestaltung, Verfeinerung, Veredlung.*

Dazu ein bloßes Gedankenspiel: Nehmen wir einmal an, wir wären in der Stunde Null und da wäre wirklich nichts an Geheimnisraum, an numinoser Welt, an göttlichem Atem inmitten der so gegebenen Wirklichkeit spürbar. Selbst dann könnte der sich auf sich selbst gestellt sehende menschliche Geist Grundlegendes schaffen, das weit über die Personalität hinausgreift. Er vermag an einem mentalen Feld, einem transpersonalen Bewusstseinsfeld zu weben, das reine, ausgerichtete Energie ist; spürbare Energie, die trägt. Sie füllt das, was als Leere empfunden wird. Nun mag der Zyniker sagen: Das sind doch wieder alles bloß Illusionen …

Vielleicht. Doch hätten etwa alle Menschen die Illusion von einem sie tragenden geistigen Universum der Liebe, wäre die Menschheit eine andere, und diese sogenannte Illusion wäre auf Mutter Erde als Liebe zur Wirklichkeit geworden. Und das ganz ohne Gottesbeweis und Theologie und irgendwelche Rechthabereien. Darin liegt die unermessliche gestalterische und heilende Kraft des Bewusstseins und der aus ihm erwachsenden Ideen. Sie vermag Welten zu schaffen!

Und so scheint es wahrlich nicht übertrieben, vom Bewusstsein als einem Kernelement zu sprechen, das Raum, Zeit, Materie und Energie nicht nachsteht.

Freiheit und Sinn

Sich als Mensch ernst zu nehmen, heißt, sich in Entwicklung und Entfaltung zu sehen, die ein Leben lang nicht enden. So vieles aber verstellt den Zugang zu einem Sein in der entsprechenden Tiefe. Prägungen, Konditionierungen, Determiniertheiten führen uns nicht selten wie auf Schienen durch die Erdenexistenz. Sie lenken die Blickrichtung, nehmen Weite, binden Sinne und Geist. Und so hängt der Erfolg eines jeden Entwicklungsschrittes an dem Grad der Freiheit, aus der er kommt. Der Befreiung dienen alle Übungen und alle Lebenspraxis. Sie schafft die Voraussetzungen dafür, über die eigenen Ausgangsbedingungen hinauszuwachsen. Erst in der Verwirklichung des Freiheitsdranges ersteht so ein Lebenssinn, der mehr ist als das bloße Hinnehmen und sich Arrangieren mit den sogenannten Verhältnissen. Er folgt der Sehnsucht nach Erlösung, die es wiederum ohne Erkennen und Verstehen nicht gibt. Inwieweit es uns gelingt, die bestehenden Evidenzen und die mit ihnen zumeist auch verbundene ideologische Macht zu durchschauen und zu überwinden, liegt an den Freiheitsräumen, die wir bereits *innerhalb* dieser Bedingungen zu schaffen in der Lage sind.

Mit der Freiheit halten wir das wohl kostbarste Gut der Menschheit und eines jeden einzelnen Menschen in Händen. Sie gibt ihm eine Würde, die jene dem Sein an sich immer schon verliehene noch einmal übersteigt. Denn sie führt den bewussten Geist in die Selbstbestimmung. Als Hauptdarsteller und nicht als Komparse sollen wir uns auf der Bühne des Lebens bewegen. Doch diese aus der Selbstbestimmung hin zum Größeren erwachsende Würde will stets neu errungen sein. Mit jenem billigem Behagen, das dem Anspruch entflieht, über sich hinaus zu wachsen, kann sie den Raum nicht teilen. Wir sprechen hier also von jener Freiheit und von jener Würde, die nicht libertär als Beliebigkeit missverstanden werden dürfen. Vielmehr stehen sie für eine Orientierung, die bereits einer grundlegenden Richtungsentscheidung folgt. Es ist die Entscheidung für die Liebe zum Leben und eine entsprechend dienende Existenz. Hinter diese Einsicht unseres Werdeauftrags gibt es damit kein Zurück. Und so fallen an dieser Stelle des Lebensweges Freiheit und Pflicht zusammen. Kein Widerspruch besteht nunmehr zwischen Selbstbestimmung und Hingabe.

Freiheit, die sich aus dem Drang zu höchster Verwirklichung nährt, wird immer mit Entscheidungen verbunden sein, die scheiden und schmerzen. Diese Freiheit befreit nicht von Verlust, Entbehrung und Leid. Sie fordert dem Kräftehaushalt alles ab. Viel Kraft kostet allein die Klarheit, sich dem eigenen Schicksalsweg, in den mich die Erkenntnis führte, nicht bewusst zu widersetzen. Gleichwohl gilt auch hier das Gebot der Achtsamkeit. Es lehrt, an den Weggabelungen des Lebens nicht voreilig den Ausschluss von Möglichkeiten zu wählen, sondern zunächst den Versuch ihrer Integration. Zu unbedachter Ausschluss kappt Potenzialität bereits da ab, wo noch gar nicht erkannt werden konnte, welches Land hinter der Abzweigung liegt. Deshalb sind Offenheit, Experiment, Wagnis und Abenteuer der Freiheit genauso beigegeben wie die Hoffnung … jene Hoffnung, die sich als Tugend des Noch-nicht aus dem unbedingten Vertrauen in das Leben nährt.

Die Wiederkehr des Mythos

Seit es die menschliche Kultur und damit die Frage nach dem Sinn des Seins gibt, bestimmen Mythen das menschliche Bewusstsein. Sie stammen aus einem tiefenkulturellen, überzeitlichen Seinswissen. Manche geben Antworten auf die großen Menschheitsfragen. Sie deuten das Unerklärliche, mahnen, zeigen den Weg, schenken Hoffnung. Sie verweisen auf das Größere, zielen auf das Ganze des Seins und der Wirklichkeit von Welt. Recht verstanden, befreien sie den Menschen zu seinen schönsten Möglichkeiten. Aber es ist ihnen auch eigen, missverstanden und instrumentalisiert zu werden. Zudem verhindert ihr Absolutheitsanspruch oft zeitbezogene Deutungen, die sich auf neue Erkenntnisse stützen. Dann wächst auf ihrem Boden Fundamentalismus, werden der freie Geist und eine freie Spiritualität blockiert.

Es ist der geschichtlichen Phase der Aufklärung geschuldet, falsche Mythen der Menschheit entlarvt, manche zerschlagen, andere gereinigt zu haben. Phantastereien, Kaffeesatzlesereien und religiöse Kopfgeburten verloren ihre Macht im Aufbranden der rationalen und wissenschaftlichen Weltbilder. Doch Menschen können ohne Mythen nicht leben, geben sie doch eine Antwort auf unser Woher und unser Wohin – im Großen wie im Kleinen. Auch erwacht wieder die Einsicht, dass die aus einem authentischen und überzeitlichen Mythos entstandenen kulturellen Kraftfelder normgebend und moralisch regulierend wirken können, ohne dass dafür Instanzen installiert werden müssten.

Kulturen verlieren ohne einen tieferen Zugang zu ihrem Ursprung und ihrer Gewordenheit an Identität. Sie erodieren und beginnen sich aufzulösen. Vielleicht liegt darin ein unbewusster Grund, dass die Entmythisierung einer Kultur immer dort ihre Grenzen findet, wo die Tiefe des Mythos und seine innere Wahrheit auf die Sehnsucht des Menschen trifft. Verschmelzen beide, entsteht Geborgenheit in einer ansonsten unüberschaubaren äußeren Welt. Ohne mythische Beheimatung bzw. zumindest einen entsprechenden Orientierungsrahmen bleiben wir als Strandgut ohne Beziehung zu unseren Wurzeln, zu unserer inneren Ausrichtung und damit zu unserem größeren Selbst.

Die Renaissance des Mythischen in der Gegenwart hängt mit der Krise der sogenannten Rationalität zusammen. Deren Kälte, Rasanz und Gefühllosigkeit stoßen genauso ab, wie die Erkenntnisfeindlichkeit hinsichtlich von allem, was nicht messbar ist und nicht den Gesetzen der wissenschaftlichen oder ökonomischen Logik folgt. Die Sehnsucht nach Wärme, Stabilität und Vertrautheit ist eine mehr oder weniger zwangsläufige Folge. Obdachlosigkeit schreit nach Heimat und Angenommensein. Es ist der Ruf danach, durch das die Zeiten Überdauernde und Überwindende getragen zu werden. Nun wird offenbar, dass durch das, was die Moderne versprach, aber nie ganz eingelöst hat, die subversive Kraft des Unerfüllten neu geweckt wurde. Was Jahrhunderte lang als Verheißung galt, sieht sich nun mit dem Vorwurf konfrontiert, zugleich die wahren Möglichkeiten zur Menschwerdung blockiert zu haben.

Der Ruf des Mythos heute ist deshalb der nach Einheit inmitten aller Zerstreuung: Einheit von Ratio und Spiritualität; Einheit hinter allen Widersprüchen; Einheit des Lebens in einem auseinanderstrebenden Universum.

Sein und Werden

Brüche, Sprünge, Schübe

Das Zeitalter, in dem wir noch immer leben, wird auch als das mentale oder rationale bezeichnet. Dessen Ursprünge reichen weit zurück. Spuren finden wir bereits in den Schriften der antiken Denker. Ein erster Durchbruch vollzieht sich in Scholastik und Renaissance, die Gipfelzeit bescheren Aufklärung und industrielle Moderne. Jetzt begibt sich der Mensch in die narzisstische Bespiegelung seiner geistigen Kräfte und setzt sich zum Maß aller Dinge. Er denkt die Welt, er denkt sich selbst. Er misst, vergleicht, unterscheidet, unterteilt und entfernt sich in Riesenschritten von der nun zum Objekt degradierten Um- und Mitwelt. Mythische Vorstellungen und gleichnishafte Erzählungen über die Frage nach dem Woher und dem Wohin unserer Gattung werden durch formale und abstrakte Begriffe ersetzt, der Mythos selbst Stück um Stück zerschlagen und entzaubert. Nur der Mensch selbst bleibt endlich noch übrig, als Frage und Antwort zugleich. Ganz auf sich selbst bezogen, anthropozentrisch also werden sein Denken, sein Fühlen und sein Handeln. Gewiss, noch ist das Göttliche nicht vollständig eliminiert, aber der mentale und rationale Mensch hat ihm einen Platz zugewiesen: Heraus aus der Welt, heraus aus dem Erklärbaren, heraus aus dem Äußeren – hinein in die Verinnerlichung. Draußen erwachsen derweil neue Götter, in Gestalt der geistigen und materiellen Dinge, die wir hervorgebracht haben. Sie erhalten nun mehr und mehr Zuwendung auf allen Seinsebenen. Sie durchdringen gar die Sehnsuchtsregungen und machen auch vor dem Herzen nicht halt.

Wir kennen die verheerenden Folgen dieses Bewusstseins, bis in die Ausbeutung, das Zerreißen und Ausbluten hinein, unter dem die Gegenwart leidet. Gleichzeitig begegnet uns hier aber auch die Phase höchster menschlicher Kreativität, grandioser Erfindungen und Entwicklungen und einer Wissenschaft, die den rationalen Geist in außerordentliche Höhen führte. Im mentalen Bewusstsein stehen sich somit *Effizienz* als ins unermessliche gesteigerte Potenzialität und *Defizienz* als Spaltung und Zerstörung gegenüber. Das Ausmaß der Destruktion wurde allerdings erst in der jüngeren Zeit ersichtlich. An der Wegstrecke dieses stürmischen Aufstiegs, der bis an den Abgrund führte, liegt schließlich noch ein besonders hoher Preis: Vereinzelung und wachsende Einsamkeit. Jean Gebser, dem wir die Unterteilung in menschliche Entwicklungszeitalter verdanken, wies in seiner kulturanthropologischen Analyse über „Ursprung und Gegenwart" allerdings auch auf jenen Entwicklungssprung hin, der aus der Sackgasse des vom mentalen Bewusstsein geprägten Zeitalters zu führen vermag. Er gab ihm den Namen *Integrales Bewusstsein*. Für dessen Beginn gibt es bereits zahlreiche Hinweise und Anzeichen, die sich quasi täglich mehren.

Im integralen Bewusstsein fallen mit der Überwindung dualistischen Denkens und geistiger Engführungen die Trennungen, die das Leben spaltete. Dogmen, Ismen und kategoriale Lehrgebäude verlieren ihren Wahrheitsanspruch. An die Stelle von *Entweder-oder* tritt das *Sowohl-als-auch*. Unterschiedlichkeit will in der Schwebe gehalten werden. Die Ganzheit wird sichtbar und erlebbar – und zwar als Erkenntnis, Sinnhaftigkeit, Sinnlichkeit und Transzendenzbezug zugleich. Die Wirklichkeit tritt, wie Physik und Biologie es seit Jahrzehnten lehren, als dynamischer und fließender Prozess in die Wahrnehmung, in die Erfahrung und damit in das Bewusstsein. Existenzielle Trennungen sind in ihr nicht mehr auffindbar, vielmehr zeigt sich alles als mit allem verbunden. Schrittweise vermag sich so die anthropozentrische, ethnozentrische und egozentrische Weltsicht zugunsten einer kosmozentrischen aufzulösen.

Dieser Schritt kann unsere Gattung auf eine neue Weise zu sich selbst führen. Viel integrative Erinnerungsarbeit ist dafür vonnöten, um in aller Tiefe zu verstehen, wie wir wurden, was wir gegenwärtig sind. Ohne ein systemisches Gesamtverständnis nämlich, das auf einer Einsicht in die geistige, kulturelle, gesellschaftliche und ökologische Gewordenheit gründet, finden wir zu keiner neuen inneren Ordnung. Der Neuentwurf setzt die Dekonstruktion der alten Bewusstseinslinien voraus. Dabei sollte die Verdrängung ein Ende haben, genau wie die Feigheit, die verhindern will, uns auch dort ins Antlitz zu sehen, wo uns eine Fratze erwartet.

Die Gerichtetheit und Zielstrebigkeit der menschlichen Entwicklung zu erkennen, sollte nicht zu dem Fehlschluss leiten, Entwicklung verlaufe kontinuierlich. Sie vollzieht sich vielmehr in Sprüngen, Schüben. Und sie weist „rückläufige" geschichtliche Phasen und Brüche auf, die sich in Kriegen, der Herrschaft politischer, ökonomischer oder religiöser Ideologien und der Herrschaft totalitärer Systeme zeigen. Doch gerade das, was zunächst als rückläufig erscheint und vorübergehend auch so wirkt, widerspricht auf Dauer gesehen nicht der grundsätzlichen evolutionären

Linie. Denn Widerstand gegen jegliche Formen von Unterdrückung ist zum einen früher oder später sicher, und zum anderen verleihen die damit verbundenen Neuorientierungen dem evolutionären Muster oft zugleich einen entscheidenden Schwung. Der Bruch der Kontinuität sowie Phasen von Stillstand, Verhärtung, Reaktion, Chaos und Neuorientierung also sind es gerade, die das zeichnen, was wir eine evolutionäre Linie nennen.

Die Kraft des Visionären

Wir lesen bereits in der Hebräischen Bibel, dem sogenannten Alten Testament, dass ein Volk ohne Vision zugrunde gehe. Doch gilt dies nicht nur für ein Land, ein Volk oder eine Gesellschaft. Es gilt dies im selben Maße für alle Formen menschlicher Vereinigungen – bis hin zur Paarbeziehung. Die Vision zieht uns, sie gibt uns Richtung. Umso erschreckender auch in diesem Wahlkampf wieder, der gerade zu Ende gegangen ist, dass neben allem Wortgeklingel nirgendwo eine Ahnung zu erspüren war, welche Vision denn lebt von einem gelingenden Leben in einer mit dem Leben versöhnten Gesellschaft und Kultur. Aber natürlich stellt sich an dieser Stelle zunächst die Frage, was eine Vision denn eigentlich ist.

Ansteckung für den lustvollen Aufbruch in eine lebenswerte und dem Leben dienende Zukunft charakterisiert das Wesen der Vision. So stiftet sie Sinn. Sie begeistert, ermutigt, hält auf dem Weg und nährt. Verwirklichung geschieht durch den Aufbruch als Prozess und die damit verbundenen Gegenwartsveränderungen. Die Vision baut Spannung auf, nämlich die zwischen dem „schon jetzt" und dem „noch nicht". Und diese Spannung zieht und hält wach, auch wenn sie mir immer wieder die Differenz verdeutlicht, die zwischen der Idee und der Verwirklichung liegt. Erst wenn ich der Täuschung erliege, die Vision eins zu eins in Lebenspraxis umsetzen zu können, wird sie zur Illusion und damit unter Handlungsgesichtspunkten kontraproduktiv. Dann auch entfaltet sie ihre destruktive Wirkung, die aus der Enttäuschung über das Nichterreichbare resultiert und die sich in einer Bandbreite zwischen Ohnmachtserfahrung, Frustrationsgefühlen, Zynismus und Terror bewegen kann.

Sei die uns umgebende Realität auch noch so unerträglich und lebensfeindlich, nie darf sie eine Macht entfalten, in der Vision zu einem realitätsfernen Fluchtvehikel in die eine oder andere Richtung missbraucht wird. Die Herausforderung menschlicher Existenz liegt immer inmitten des Lebens. Von dort beginnt der Weg in das Darüberhinaus mit der Vision als Leitstern. Es ist in diesem Sinne also durchaus angebracht, ja notwendig, das visionäre Denken, das sich im geistigen Bild für die Zukunft zu erkennen gibt, mit dem Auge der Nüchternheit zu betrachten und in der Unterscheidung der Geister nicht nachzulassen. Dies soll gerade unter dem Vorzeichen betont werden, dass der Lockruf, ja der Eros der Vision aus dem Verborgenen kommt, versehen mit dem Charme und der Verführungskraft des noch Verhüllten.

Das Richtungselement, das in der menschlichen Evolution ruht, will immer wieder neu entdeckt und gesehen werden. Es bildet das Zugseil des Visionären. Es hält uns in Bewegung als die Unruhe des Unvollendeten. Heute erzählt es uns davon, dass es nach den Erfahrungen der zurückliegenden Zeitalter nicht mehr reicht, ein bisschen weniger schlecht zu sein und ein bisschen mehr Trägheit zu opfern.

Immer wieder gab es in der Geschichte Kristallisationen dieser Unruhe und der daraus emporsteigenden Neugestalt. Denken wir etwa an die Erhebung des mittelalterlichen Menschen zum kosmischen Licht, wie sie in Entwurf und Bau der großen Kathedralen während der Zeit, die Hochgotik genannt wird, ihren Ausdruck fand. Die Architektur wurde hier zum äußeren Bild des wesenhaft Möglichen und durch die sinnliche Bindung, den Genuss der Augen, zur Erinnerung daran. Wer einmal in der Kathedrale von Chartres (erbaut 1194–1260) als der Wohnung des Lichtes stand, vermag dies nachzuvollziehen. Visionäre Ausstrahlung wird hier im wörtlichen Sinne sichtbar.

Das Bild von der Kathedrale lehrt uns aber noch ein weiteres: Visionen können entworfen und gebaut werden. In ihnen konstruieren und verwalten wir das Erbe, das im Zukünftigen seine Heimat hat. Das noch nicht Verwirklichte und bislang nicht offen Zugängliche wird sicht- und begreifbar. Es entsteht ein alles durchdringender und alles umfassender innerer Erfahrungsraum. Wir nehmen die Selbstverständlichkeit endlich konstruktiv an, dass hinter jeder Zukunft der Mensch steht. Und so will die Vision nach guten und lebensdienlichen Wünschen gestaltet und nicht lediglich bewältigt sein, sich nicht im bloßen Reflex auf die Unzulänglichkeiten des Gegebenen erschöpfen.

Denn dieses, dieser bloße Reflex, der das vorherrschende politische Handeln der Gegenwart auszeichnet, setzt keine wahre Lebensenergie frei. Vor allem stillt er nicht die Sehnsucht, die sich in der fortwährenden Suche nach einer besseren Welt zu erkennen gibt.

Die Vision schon selbst leistet ihren Beitrag zur Heilung der Welt. Einmal ausgesprochen, setzt sie gedankliche und seelische Energien frei und schafft so bereits Zukunft.

Entschiedenheit des Beginns

Die Sehnsucht danach, ein neues Leben aus der Taufe zu heben, lebt wohl in unzähligen Menschen. Ungute Erfahrungen, schmerzhafte Einschnitte, Schuldgefühle, Erfahrungen des Scheiterns hinter sich lassen; nicht immer wieder grübeln und da und dort noch tiefer analytisch graben; nicht weiter Lebens- und Existenzzeit damit verschwenden, die Vergangenheit permanent in die Gegenwart hineinragen und hineinregieren zu lassen; aufbrechen mit leichtem Gepäck und beflügelt von einer Seele, die sich streckt und weitet in unbekanntes Land.

Ein neues Leben werden wir trotzdem nicht beginnen können, denn wir bleiben in dem Seins- und Energiefeld, dem wir zugewiesen sind. Aber täglich können wir einen neuen Tag beginnen, wie Henry David Thoreau (1817–1862) es einmal sagte. Einen Tag neu beginnen … was meint da neu?

Es scheint mir um den Aufbruchsgeist zu gehen, der menschliches Leben adelt. Es ist jener Geist, der sich der

Kairoshaltigkeit und Zeitenfülle eines jeden Moments bewusst ist, jener Geist also, der uns aus der Hinnahme- und Opferhaltung in die der Selbstermächtigung und Gestaltung führen möchte. Die Bedeutung dieser Haltung wirkt auf mich selbst und zugleich doch weit über den Einzelnen hinaus. Sie ist – ob wir das wollen oder nicht, es anstreben oder nicht – immer auch ein Zeichen für andere Menschen. Ein Zeichen dafür, dass man gehen kann, aufrecht, sich bewegen und Dinge verändern kann – und scheine der einzelne Schritt auch noch so klein. Immer *Heute* ist der Tag, der uns in eine neue Richtung weist. Das Ziel braucht nicht sofort erkannt sein, doch die Grundenergie muss stimmen, und die unstillbare Sehnsucht nach dem Gehen muss leben.

Doch je grundlegender und existenzieller unsere Aufbrüche sind, desto mehr Menschen werden sich dann von uns lösen, nicht mitgehen wollen oder können. Und das betrifft oft die uns Nächsten. Es stellt sich nun die Frage nach der Wichtigkeit dessen, was uns zieht und führt. Anhaften oder das Fortschreiten wagen? Gibt es vielleicht eine Integration von beidem? Oder zerstört der Mittelweg im Letzten beides?

Der Zustand der Welt und Mitwelt, der gnadenlose Umgang des Menschen mit Mutter Erde fordert den täglichen Aufbruch von uns. In Klarheit und Entschiedenheit. Und ohne zu zögern. „Nichts ist verloren, solange einer voranstrebt", ermutigt uns Augustinus (354–430). Und dann berührt der Zauber der Umkehr und des Neubeginns. Es ist jener Zauber, der goldenes Vertrauen erweckt – das Vertrauen in uns selbst, in unseren Weg und vor allem in das, was aus dem geistigen Raum heraus Führung anbietet.

Flügel und Ketten

Bewusstes menschliches Leben will sich steigern. *Möglichkeit* nennen wir die Nahrung dafür. Steigerung, das meint Verfeinerung. Sie ist unser Sinn. Möglichkeiten schenken Flügel, die nahezu überallhin tragen können. Aber sie sind nicht ohne die Ketten der Erdanziehungskraft zu denken. In diesem Bild bleibt unser Sein somit immer unvollendet und Freiheit bleibt bei allem Entfaltungsdrang zugleich eingeschränkt. So kommt der Aufstiegsimpuls also aus dem Mangel, und er führt unweigerlich in einen neuen. Nicht Vollendung oder Vollkommenheit heißt dann das Ziel, sondern Entwicklung in dem mir zugänglichen und von mir gestaltbaren Rahmen.

Doch wie nähern wir uns dem an, und vor allem, wie entscheiden wir uns an den Weggabelungen des Lebens?

Die Herausforderung scheint zu sein, nicht voreilig Möglichkeiten auszuschließen. Stattdessen gilt es, nach ihrer Integration zu suchen bzw. sie zunächst in der Schwebe und damit im Spiel zu halten. Vorzeitiger Ausschluss kappt ja Potenzialität immer bereits da, wo noch gar nicht erkannt werden kann, welches Land hinter der Abzweigung liegt. Und etwas ausschließen könnte ich doch sowieso nur auf der Basis und Einschätzung von dem, was mir bereits bekannt ist. Das Sein zum Werden will demgegenüber Offenheit, Freude am Unbekannten, Experiment, Wagnis, Abenteuer. Das hält uns auf dem Weg. Kein Ort kann dann das Wegende sein.

Da mag man sich fragen, ob das nicht treulos ist, wenn das Erreichte letztlich doch nie ganz reicht bzw. es immer weiter geht? Von außen betrachtet, ja. Und aus dieser Perspektive scheint es sogar gefährlich. Denn die Essenz aus dem Unterwegssein wirkt wie ein tödliches Gift auf das Bestehende und Gewohnte. Aus der Perspektive des Möglichen jedoch wird es zum Zaubertrank für Abschied und Neubeginn zugleich. Die Wirklichkeit und die Wahrheit eines Weges werden mir in diesem Moment erfahrbar durch den Schmerz des Noch-nicht. Und zugleich spüre ich die Energie, die den Zauber des Neuen und noch Unbekannten ausmacht. Ein Segen, wenn du dann einen Menschen an deiner Seite hast oder Menschen an deine Seite treten, die diesen Zauber mit dir teilen.

Auf der Reise zu mir und meinen Möglichkeiten bleibe ich somit ein Grenzgänger. Verwirklichung und Vergehen, Daseinsglück und Abschied gehen immer mit. Bleibt die Frage, warum wir uns das eigentlich zumuten.

Die Antwort erscheint klar: In der Selbstgestaltung als einem lebenslangen Prozess nimmt der Mensch seine höchste Berufung an, Teil eines schöpferischen Universums zu sein. Der Größe dieser Anforderung, ein Stück Verantwortung für Himmel und Erde mitzutragen, können wir uns, wenn wir sie einmal erkannt haben, begründet nicht mehr entziehen. Dieses, die in der Freiheit getroffene Wahl der Verantwortung, nennen wir Tugend! Im Letzten hängt daran auch das, was Würde und vor allem Selbstachtung meinen.

Heilsames Scheitern

Wohl kein bewusster und das Leben bejahender Mensch liebt die Ohnmacht oder sucht das existenzielle Scheitern. Beides tritt auf uns zu, ohne dass wir das wollen. Gelegentlich führen und warnen uns allerdings Vorahnungen, ja eine untrügliche innere Gewissheit. Sie stellen das Scheitern in einen größeren biographischen, schicksalshaften Kontext. Dieser sowie die Signatur des Scheiterns selbst lassen sich jedoch mit dem Code des vernunftbegabten Geistes und der sogenannten Rationalität allein nicht dechiffrieren. Immer bleibt ein unverfügbarer Rest, der sich unserem Verständnis oft erst in späteren Lebensphasen öffnet. Allerdings setzt auch dieses Verstehen voraus, dass das, was wir Scheitern nennen, bewusst und gewollt in unser Wachsen und Werden integriert wurde. Es als mir nicht zugehörig abzuspalten, hält im Nichterkennen und im Unverständnis. Integrierst du es jedoch, mag sich das, was dir zunächst als ein Desaster gegenübertrat, zur rechten Zeit als Teil deines Heilsweges offenbaren.

Auch wenn wir das Scheitern nicht suchen, so müssen wir es doch riskieren, wenn die Möglichkeiten des jetzigen Lebens an unsere Grenzen stoßen. Sich vorzeitig ängstlich und zagend zu ergeben, hält die Türen eines sich im Fluss und der Ermöglichung bewegenden Lebens verschlossen. Neues kann oft nur da entstehen, wo das alte zerbricht und vertraute Wege als nicht mehr gangbar bzw. hinreichend verlassen werden. Nur dann besteht eine Chance, dass die sich in jedem von uns verbergenden existenziellen und überzeitlichen Wahrheiten ans Licht gelangen.

Ein solcher Schritt über das Gewohnte und scheinbare Sicherheit Bietende hinaus, erfordert Mut und Vertrauen in den Prozess des Lebens. Dies gilt vor allem, wenn wir uns allein und verlassen und von Gottesfinsternis umgeben wahrnehmen. Denn dann ist die Versuchung groß, Kompromisse an dem notwendigen Absterben des Überlebten vorbei zu suchen und sich der Neugeburt zu verweigern. Nur im Entstehen und Wachsen aus den zerbrochenen Hüllen des Alten überschreitet ein Mensch für Augenblicke seine Endlichkeit. Er hält den Zauber am Leben, der im sich Ergeben ganz verflöge. Er stellt sich seiner wahren Sehnsuchtstiefe, die doch immer schon Ewigkeit im Hier und Jetzt sucht und damit das gegebene Leben auch einbeziehen muss.

Und so stehst du am Rande dessen, was dir wie ein Abgrund vorkommt, und weißt doch, dass du den nächsten Schritt gehen musst.

Die Alten sagten, Leben sei beginnendes Sterben. Aus der Integration des Scheiterns in die Dynamik der Ermöglichung lässt sich nun sagen: Leben ist beginnendes Leben. Leben heißt anfangen und nicht enden …

Innerer Weg und äußeres Schicksal

Keine Weltverbesserung erwächst ohne Selbstverbesserung. Jean Gebser spricht diesbezüglich von einer „… Vorausnahme jener Schmerzen und Qualen, die, nehmen wir sie nicht freiwillig voraus, uns in dem sonst notwendigen Zusammenbruch persönlichen und universellen Charakters auferlegt würden. Wer sich … seinem Auftrag, der ein geistiges Ansinnen ist, entzieht, handelt gegen den Ursprung. Wer gegen ihn handelt, hat keine Gegenwart, heute so wenig wie morgen … Ein jeder ist frei es zu leisten. Wer diese Freiheit verspielt, verspielt sein Leben und seinen Tod."

Auch wenn es immer Menschen gibt, die ein Voraus an Einsicht, Willen und Erfahrung haben und von denen wir lernen können – finden und gehen muss jeder seinen eigenen Weg. Nahezu alles an Potenzialität ruht in unserer Gattung und in jeder Person. Wir brauchen unsere Grenzen also nicht zu eng zu ziehen. Gleichwohl entstehen die neuen Wirklichkeiten immer nur dadurch, dass wir sie als Personen schaffen. Und mit den Wirklichkeiten eröffnen sich wiederum neue Potenziale. Das Ringen, das jene Lebenshaltung des Werdens trägt, erkennt sich als Ringen darum, nicht nur Mensch zu bleiben im Angesicht der Entzweiung des Lebens. Vor allem stehen wir in der Herausforderung, über die Einsicht in die eigenen Schwächen, die eigenen inneren Widersprüche und Gegensätze hinaus fortwährend neu Mensch zu werden. Das Leben wird dadurch zu einem schöpferischen Akt, zu einer dynamischen Skulptur. Deren äußere Erscheinung wandelt sich, während das Innere und Seelische sich reinigt und klärt. Versäumen wir diese innere Klärung und Reinigung, so werden uns, darauf hat C.G. Jung eindringlich hingewiesen, die nicht bewussten inneren Tatbestände weiterhin als äußeres Schicksal gegenübertreten. Denn einem Grundgesetz des menschlichen Seins können wir nicht entrinnen, nämlich dass alles, was uns geschieht, immer auch ein Echo dessen ist, was und wie wir waren und sind.

Es wird nicht verwundern, dass die Arbeit an der fortwährenden Menschwerdung und die damit verbundenen Gewinne für Person und Gattung viel damit zu tun haben, freizugeben, loszulassen und zu überwinden. Größeres ist ohne Preisgabe des Gewohnten und Bindenden nicht zu erlangen. Das Ich steht nun auf dem Prüfstand, und das in sehr grundsätzlicher Weise. Denn das Ich, das als Ego verstrickt im selbstbezogenen Kampf lebt, kann nie zum Ganzen führen. Es gibt sich mit dem ihm Vertrauten zufrieden. Es pflegt die Täuschung, schon das höchste Gut erreicht zu haben. Es leugnet vor sich, dass einer neuen Geburt das Sterben des Alten und damit verbundene Trauerprozesse vorausgehen.

Der Abschied von der egohaften Ich-Bindung sieht sich begleitet von Verlustangst, konkreten Verlusterfahrungen und der Empfindung von Verlassenheit im alten Leben. Das gefestigt scheinende Identitätsgefühl zerbricht. Überall spüren wir frische Wunden. Doch dieser Gang durch die dunkle Nacht der Sinne und des Geistes ist, auch wenn jeder Mensch ihn anders erlebt, unausweichbar. Er will durchlebt sein, so wie die Freude, die wartet und wie die Rückschläge, die auch dem Erwachen wiederum folgen. Denn die Differenz zwischen der inneren geistigen Erfahrung und dem Herzgefühl auf der einen Seite sowie der nachhinkenden Verwirklichung in Haltung, Verhalten und Tun auf der anderen Seite – nie löst sie sich vollständig auf. In unserer irdischen Endlichkeit bleiben wir unvollendbar. Fehler und Irrtümer gehören zum Prozess. Sie sind die natürliche Kehrseite des Vollkommenheitsbildes und zugleich Zeichen für notwendige Korrekturen.

KAIROS – Einbruch des Ewigen in das Zeitliche

Der christliche Mystiker Meister Eckhart spricht davon, dass Gott, wie er dich findet, „so nimmt und empfängt er dich, nicht als das, was du gewesen, sondern als das, was du jetzt bist". Denn „Gott ist ein Gott der Gegenwart". Hier ist nicht von Interesse, woher die Chancen des Moments kommen. Es zählt allein, sie zu nutzen, mit aller Kraft, die im Augenblick liegt. Wir sprechen von dieser Zeitgegebenheit als Kairos.

Der Kairos tritt als Chance und Herausforderung in die Existenz, stößt an, zur rechten Zeit zu handeln. Da er nicht gemessen werden kann, bedarf seine Wahrnehmung anderer Anzeichen. Sie hängt ab von der auf das Jetzt ausgerichteten Bewusstheit, der inneren Wachheit und Achtsamkeit. Der Kairos wird durchlebt, im Kopf und in der Empfindung, im Traum und durch Intuition. Das schenkt ihm seine Einzigartigkeit. Das kleidet ihn auch mit jener Autorität, die durch keine noch so logische und rationale Argumentation zu widerlegen ist.

Kairos ruht nicht in den Gegebenheiten und der Normalität. Wie ein Meteor dringt er aus der Dimension des Ewigen in das Zeitliche ein und lehrt uns so die Verbundenheit beider. Für den Menschen, der gelernt hat, Sein als Unterwegs-Sein, als fortwährenden Aufbruch und als Ruf nach Wandlung zu verstehen und zu leben, wird die Kairos-Kraft zum verlässlichen Wegbegleiter. Entsprechend gibt das Noch-Nicht die Richtung vor.

Das rechte Handeln zur rechten Zeit geschieht aus der Reife. Oft langsam wachsend bereitet sich vor, was später seinen momenthaften Durchbruch erlebt. Und so gehört zur Bedeutung und zum Erkennen des Kairos, dass es oft zahlreiche kleine Schritte waren und sind, die sein Kommen vorbereitet bzw. seine Annahme ermöglicht haben.

Kairos-Momente sind unverfügbar. Werden sie im Falle ihres Kommens aber nicht wahrgenommen, bringt keine Zeit der Welt sie je zurück. Die unterschiedlichen Züge des Lebens halten nur kurz; und in diesem Moment musst du sie besteigen, denn sie kommen kein zweites Mal.

„Der Augenblick ist Gottes Gewand". So formuliert Martin Buber die Berührung des Zeitlichen aus dem sogenannten Ewigen. Auf Ahnung nur erscheint Kairos, und nur in blitzschnellem Erkennen lässt er sich gewahr werden. Doch diese Berührung aus dem Raum der Transzendenz schenkt dem Augenblick ein Stück empfundener Ewigkeit. Sie schenkt erfüllte Zeit, wenn auch nicht als Zustand, so doch als Erfahrung. Flüchtig nur bist du berührt worden, aber du weißt, du hast dich nicht getäuscht. Die unablässig dahinströmende Zeit steht still. Jetzt ist der Mensch in das Verhältnis zum Göttlichen gerückt. Als Werdender und Wachsender hat er seinen Platz gefunden: Im Schnittpunkt des Kreuzes zwischen Horizontal und Vertikal, zwischen Hier und Jetzt und transzendenter Ausrichtung, da, wo Bedingtes und Unbedingtes sich kreuzen und verbinden.

Mit der Kraft und Zeitenfülle, die dem Kairos innewohnen, kann jedes Schicksal sich entscheiden, kann der Aufstieg aus jedem dunklen Schattenreich gelingen. Dies gilt nicht nur für jeden einzelnen Menschen, es ist die Schlüsseleinsicht auch für Gemeinschaften, Völker und Kulturen, ja das Menschsein an sich. Derart in der Zeit zu stehen, bedeutet dann aber auch, sich auf Entscheidungserfordernisse auszurichten und sich in die entsprechende Verantwortung zu begeben. Jede Zeit ruft nach Vollendung. Sie fordert Wachheit und Offenheit für die letzten Dinge, die jeden Tag neu auf uns zukommen – als jene mit einem Zauber versehenen Stunden und Sekunden. Wir sprechen vom Zauber, der das Zerbrochene überwindet, der Wunden schließt und heilt und der aus der erdrückend scheinenden Ohnmacht in die Gestaltung des Neuen führt.

Mythos – Die Kraft der inneren Bilder

Dass der Mensch ohne Mythos nicht leben könne – diese Überzeugung vertritt etwa Friedrich Nietzsche. Dem kann man zustimmen. Aber worum geht es dabei?

Etwas Geheimnishaftes und damit Unbestimmtes liegt im Wort *Mythos* und im dem, wovon er handelt. Es scheint sich der kalten industriegesellschaftlichen Rationalität zu entziehen, was die Verführung ausmacht, von und über einen Mythos zu sprechen. Der Begriff und das Besagte entlasten weitgehend von begrifflicher Schärfe und entsprechender sprachlicher Präzision. Begründungen erscheinen obsolet. Die Unschärfe selbst ist ein Teil der Botschaft. Sie birgt in dem, was durchschimmert, ein noch nicht eingelöstes großes Versprechen.

In der Menschheitsgeschichte tritt der Mythos als universales Phänomen in Erscheinung. Trotz vielfältiger jeweiliger Besonderheiten verbindet er die Menschheitsfamilie. Das betrifft nicht nur die Tatsache seines Erscheinens an sich, sondern auch die „ewige" Wiederkehr und die Variation klassisch zu nennender Inhalte und Motive. Mythen mutieren sich durch die Zeitalter und Kulturen.

Im Mythos finden sich Urbilder der Existenz mit überzeitlicher Bedeutung und epochenüberschreitendem Gehalt. Die Fragen nach dem Woher und dem Wohin des Menschen, nach der tieferen Bedeutung von Leben und Tod, von Gut und Böse, von Himmel und Hölle liegen dem Mythos zugrunde.

Die sich immer wieder neu stellenden menschlichen Grundfragen bringen ihn in ein gleichsam schwebendes Verhältnis zur Geschichte. Das Aufgeworfene erscheint geschichtsfrei, auch wenn jede Generation aus den im Mythos sich verbergenden Antworten das ihre zu lesen vermag.

Mythen sind in Geschichten und Bilder gekleidet. Jede Kultur hat dabei ihre eigene Mythologie. Sie stiftet Identität, errichtet eine geistige Heimat. Wir können die Mythologie somit als eine übergeordnete Seinsdeutung verstehen, die Natur, Gesellschaft, Psyche und Offenbarung vereinigt. Eine religiöse Tiefenstruktur ist ihr zumeist beigegeben. Das hebt sie aus anderen Überlieferungen heraus und gibt der Sehnsucht des Menschen nach dem Absoluten den angemessenen Raum.

Der Mythos präsentiert nicht Faktizität, sondern er schenkt Bedeutung und daraus folgende Gewissheit. Nimmt ein Mensch oder nehmen Menschengruppen dies als „Wahrheit" an, so wird er verbindlich für das Sein. Seine Dynamik greift gestaltend in das Leben und die uns umgebende Welt ein.

Die sogenannte Wirklichkeit erscheint bezogen auf die

im Mythos sich ausdrückenden Urbilder des Seins oft defizitär. Und so heißt Leben im Angesicht des Mythos Leben in der Differenzerfahrung von Ideal und Wirklichkeit, von Sein und Sehnsucht. Diese Spannung vermag bezüglich der gesellschaftlichen Realität durchaus politisch zu wirken – als subversive Kraft des Unerfüllten.

Gerade weil die sogenannte rationale Vernunft, die zu oft eine bloß ökonomische ist, die Gegenwart noch immer so weitgehend beherrscht, benötigen wir heute starke Bilder und eindrückliche Erzählungen für das *Wohin* der menschlichen Kultur. Man könnte sagen, dass die Zeit, in der wir leben, auf einen neuen Mythos wartet, geboren aus alter Sehnsucht. Es geht darum, das *Immer-weiter-so* im Gegenwärtigen durch kraftvolle Vorstellungen in Frage zu stellen und Schritt für Schritt zu überwinden. Diese inneren Bilder mit dazugehörigen Geschichten warten darauf, in unsere Perspektivwelt gemalt zu werden – als das, wovon wir träumen.

Auf welcher Erde wollen wir und die Kommenden leben? Was heißt *gelingendes Leben,* das die Zerrissenheit durch des Menschen Intervention, die Spaltungen und Trennungen überwindet und heilt? Hier klingt der Ruf nach Einheit und Einssein inmitten aller Zerstreuung und über alle Widersprüche hinweg: Einheit des Lebens in einer Ich-bezogenen Welt; Versöhnung mit der gesamten planetarischen Lebensgemeinschaft; Harmonie von Natur, Mensch und Technik.

Entsprechende Bewusstseinsfelder können allerdings nicht einfach erdacht, nicht am Reißbrett entworfen werden. Vielmehr sollten wir uns trauen, von der neuen Welt zu träumen und das stark in uns zu machen. Dazu gehört, es zu kommunizieren und uns mit anderen Menschen gemeinsam auf diese Bewusstseinsreise zu begeben. Wir werden erkennen, wie nah wir uns sind in den Urbildern von Verbundenheit, Schönheit, Harmonie und Glück. Und dann können wir den Alltag mit dieser Aufbruchsenergie hin zu den Sternen menschlicher „Größe" immer neu ausrichten und die Gestaltung der Welt auf den unterschiedlichsten Ebenen daran messen.

Sackgasse der Natur

In einem 1925 gehaltenen Vortrag wies der deutsche Soziologe Max Scheler darauf hin, dass der „... Mensch als Vitalwesen ganz ohne Zweifel eine Sackgasse der Natur ..." sei. Zugleich aber liege in ihm als Geistwesen der „herrliche Ausweg aus dieser Sackgasse".[3]

Dem Gedanken, dass nun das Reich des Geistes die Führung über eine absurde und in die Ausweglosigkeit treibende Seinsweise übernehmen muss, lässt sich zustimmen. Wandlung und die Freisetzung der in uns ruhenden Potenzen kann ohne einen Neuentwurf von Sinn, der neue Realitäten schafft, nicht erwartet werden. Dafür hat sich unsere Evolutionsstufe als zu selbstverliebt und zu blind, zu sehr auf die eigene Vermehrung bedacht, zu gefräßig und zu zerstörerisch in jede Richtung erwiesen. Doch sollte diese überfällige Einsicht nicht wieder in einen Dualismus führen, in dem das Geistwesen Mensch gegen das Leib- und Triebwesen ausgespielt wird. Vielmehr wird eine lebens-

90

werte Zukunft gerade daran hängen, wie wir es vermögen, unsere Leiblichkeit und Bedürfnisstruktur in Harmonie mit dem zu fügen, was Erkenntnis, Weisheit und der Geist der Verbundenheit mit allem Leben vor uns entfalten. Die Frage ist demnach, ob wir endlich aus dem Tiefschlaf eines abgekapselten Egos erwachen und den Weg vom kleinen Ich zum großen Selbst finden.

Die Aufgabe der gegenwärtigen Generationen kann klar umschrieben werden: Legt die Fundamente, damit die Kommenden nicht nur eine Chance zum Überleben haben, sondern dass auch der Weg geebnet ist für eine Menschheit, die dem Ganzen dient und die darin ihre Erfüllung findet. So wird sie schließlich erkennen, dass dieser Dienst zugleich der beste und schönste ist, den sie sich tun kann. Der Geist unbedingter Welt- und Lebensbejahung, die mystische Seinsorientierung und die daraus sprechenden Wahrheiten werden sich dabei als kraftvoller erweisen als jede Macht der Verhältnisse. Mensch in der ihm möglichen Vollgestalt, Schönheit und Würde zu werden, ist kein illusionäres Traumgebilde.

Allerdings fordert die Überlebenskrise, in der Mensch und Mitwelt sich in der Gegenwart bewegen, ein Seins- und Kulturverständnis, das sich von den alten gescheiterten Rezepten der Moderne und Postmoderne emanzipiert. Das meint vor allem die Überwindung eines Fortschrittsbegriffs, der sich durch das Desaster, das er hinterlassen hat, eigentlich nicht mehr verstehen und begründen kann. Gleichzeitig erweist er sich aber immer noch als unfähig, sich zu transformieren bzw. sich radikal neu zu denken.

Ein solcher Neuentwurf hieße, jener Dynamik und

Prozessoffenheit den Raum zu geben, die sich ganz der Botschaft der Liebe sowie der Sprache des Lebens und des Überlebens zuwenden. Das damit verbundene Erspüren, Entwickeln und Erforschen von Möglichkeiten wäre ein gewaltiges geistiges Experiment, das statt Rigorismus ein neues, lebensdienliches und heilendes Verständnis von Freiheit ausstrahlt. Der Handlungsdruck dafür hat dramatische Ausmaße angenommen.

Vision trifft Kairos

Die Vision richtet, vom Jetzt und seinen immer vorhandenen Möglichkeiten herkommend, die Wahrnehmung auf das, was werden will. Und sie ermutigt, die Chance zur Verwirklichung in genau diesem Moment zu sehen, denn handeln können wir immer nur im Jetzt. Das meint Kairos-Bewusstsein. Der Kairos holt die Chance als verwirklichbar in die Existenz. Er stößt an, zur rechten Zeit zu handeln und ermahnt zur inneren Wachheit und Achtsamkeit. Denn jeder Mensch ist einmalig und versehen mit der Verantwortung, dass das, was er tut und nicht tut, in dieser Weise sonst niemand tut oder nicht tut.

Der Kairos betont das schlechthin Bedeutungsvolle eines jeden Augenblicks. Er weist uns aber auch darauf hin, dass das rechte Handeln zur rechten Zeit aus der Reife geschieht. Wachsend bereitet sich vor, was später seinen momenthaften Durchbruch erzielt. Zur Bedeutung und zum Erkennen der kairoshaltigen Momente gehört somit, die oft kleinen und zahlreichen Schritte wahrzunehmen, die sein Kommen erst ermöglichen. Das vom Kairos-Bewusstsein bestimmte Handeln erfährt Führung aus einer Welt, die kommt. Dies ereignet sich zwar in der Gegenwart, aber es ist nicht bloß für sie bestimmt. Insofern gilt hier beides: dass der Weg das Ziel sei, aber das Ziel eben auch selber!

Vision und Kairos sind zwei Seiten einer Medaille. Visionäre Wandlungskraft setzt kairoshaltige Luft voraus und vor allem deren Wahrnehmung. Fällt beides zusammen und verbindet sich im Sprung in das Ungewisse, mag dieses Geschehen den Übergang in ein neues Erdzeitalter eröffnen. In ihm begreift sich bewusstes Leben als fortwährender Entwicklungs- und Vollendungsversuch – und zwar immer im Rahmen der ihm gegebenen Freiheit und Möglichkeiten. Hier will das noch nie Dagewesene gesehen, und es will gefördert werden! Der Möglichkeitssinn will sich im Nachdenken über das ganz andere schulen.

Es wird keine Alternative dazu geben, radikal über das Bestehende hinaus zu gehen und die alten Dualismen zu überwinden. Das in unserem Verhalten bisher gleichsam als naturhaft und als alternativlos, weil gesellschaftlich bedingt Angesehene will durchbrochen und nicht länger vorsichtig in kleinen Schritten umkreist werden. Das jedoch setzt eine Weltsicht, eine Erkenntnis und eine Vernunft voraus, die weit hinausreichen über jenes sogenannte rationale Bewusstsein, das im Geist des Abendlands noch immer dominiert. Es wird deshalb keinen visionär geleiteten Entwicklungssprung unserer Gattung geben ohne eine dramatische Transformation des Bewusstseins, in dem klarer Geist, die Liebe zum Leben und die Bereitschaft, dem Leben zu dienen, sich zu einer Haltung vereinigen. Bei aller Wünschbarkeit und aller Notwendigkeit halte ich es für eine völlig offene Frage, ob wir als Menschheitsfamilie auf dem gegenwärtigen evolutionären Niveau dazu in der Lage sind und sein werden.

Weckruf der Evolution

Wenn wir einen tieferen Sinn in der Evolution erkennen und verstehen wollen, dann liegt es nahe, ja ist es unvermeidbar, die Phänomene des Gegenwärtigen aus einer besonderen Perspektive zu betrachten.

Handelte es sich beim Menschen um ein reines Zufallsprodukt im endlosen und unerschöpflichen kosmischen Spiel, dann wäre die Analyse des sich gerade vollziehenden Geschehens einfach. Homo sapiens, wie wir uns gerne verklärend nennen, widerstrebt in hoher Konsequenz den in ihm ausgebildeten Anlagen. Egozentrik, Vermehrungsdrang, Gier und Trägheit unterdrücken das vorhandene Entwicklungs- und Reifepotenzial. Und so nähert sich die Menschheit dem, was auch keiner Kultur erspart bleibt, die sich nicht in Abständen grundlegend wandelt … ihrem selbst verschuldeten Verschwinden. Sie erntet, was sie gesät hat, indem sie die Gesetze des Seins und Werdens zwar verstand, sie aber nicht in Lebenspraxis umsetzte.

Trauen wir uns jedoch, einen grundlegend anderen Blick zu richten, verändert sich auch die Analyse. Dann befinden sich Mensch und Erde auf einem gemeinsamen Schicksalsweg. Wir sind tief in den evolutionären Prozess und das sich in diesem vollziehende Geschehen *sinnhaft* eingefügt. Und

Sinn löst sich nicht einfach auf. „Zufall", naturgesetzliche Abläufe und schlichte Ursache-Wirkungs-Ereignisse zeigen sich nun als Notwendigkeit, die dem Entwicklungsgedanken und seinen innergesetzlichen Maßstäben folgt. So besehen, ist das Desaster, das wir auf diesem Planeten anrichten, Teil der untrennbar miteinander verbundenen Wege von Mensch und Erde. Es folgt, gerade in dem sich abzeichnenden Ausmaß, einer höheren Gesetzmäßigkeit und einem höheren Verstehen. Danach lernt die Menschheit nicht durch Einsicht, sondern durch Härten, die bis zur grundlegenden Infragestellung reichen. Die damit verbundenen Schmerzen können wir als Wachstumsschmerzen sehen. Sie wollen uns zu dem Punkt führen, an dem wir nur noch die Alternative sehen, über unseren eigenen Schatten zu springen und den nächsten gewaltigen Schritt in unserer Evolution zu gehen. Es ist die in aller Konsequenz gelebte Ehrfurcht vor dem Leben an sich und eine entsprechend praktizierte Verbundenheit. Nichts anderes hat dann noch Berechtigung, Möglichkeit und Bestand.

Phänomene wie der Klimawandel bleiben in diesem Blick zwar, was sie einerseits sind: Unausweichliche Folgen unangepassten Verhaltens. Gleichzeitig stellen sie eine auf den Verursacher gerichtete Entwicklungsenergie dar, die in die Evolution eingegeben ist. Sie zwingt uns zum Lernen, beschleunigt das nun überlebensnotwendige Wachstum auf radikale Weise. Wenn wir das wirklich verstanden haben, können wir aus tiefer Überzeugung sagen: Es ist nicht nur notwendig so, es ist gut und angemessen. Und es wird unsere Potenziale, die zweifellos außerordentlich sind, freilegen und entfalten. Herauskommen wird dabei kein neuer

Mensch, aber doch ein tiefgreifend verwandelter, der fortan in das Netzwerk des Lebens heilsam integriert ist.

Zerstörung und Stille

Die Frage, wie wir mit einer Welt und in einer Welt klarkommen, über der das Damoklesschwert der Selbstvernichtung hängt, fordert mehr als nur politische Korrekturen. Denn alte Gewissheiten und Sicherheiten haben längst begonnen, sich aufzulösen. Genau darin wartet nun aber die Chance, an dem Neuen zu weben, während das Alte vergeht und stirbt. Fundamental erscheint mir dabei, dem Vergehenden nicht sentimental nachzuhängen und Energie in Rettungsversuchen von Überlebtem zu verschwenden. Das allerdings setzt wahrhafte Einsichten voraus.

Zu ihnen gehört, dass wir in der Destruktivität der Gegenwart nicht länger lediglich eine fehlerhafte und unbedachte Entwicklung sehen, die wir bei frühzeitiger und besserer Einsicht hätten vermeiden können. Das Gegenteil ist der Fall. Der Weg, der hinter uns liegt, zeugt von geradezu atemberaubender Geradlinigkeit und Konsequenz. Er spiegelt eine verhängnisvolle Seite unseres Wesens, die sich im Verlauf der Jahrhunderte derart zu Systemen und Strukturen verfestigt hat, dass notwendige Korrekturen innerhalb der Systeme nicht mehr vorzunehmen sind. Das Wirtschaftssystem des globalen Kapitalismus steht beispielhaft, aber auch herausragend dafür. Was wir hervorgebracht haben an Geist, Rationalität, Ökonomie, Struktur, Technik und Konsum, entspringt also keinem evolutionären Zufall.

Es war und ist gewollt. Und es hätte mit seiner Dynamik wohl keine wirklichen Alternativen in der Entwicklung zugelassen.

Die Zerstörung der so genannten äußeren Natur und Umwelt folgte und folgt einer inneren Destruktivität des Menschen. Die Zersiedlung und Verwüstung dieses Planeten wurzelt in der Zerrissenheit unseres Innenlebens. Sie war und ist der Preis für einen langen historischen Prozess der Trennung und der Spaltung. In ihm hat sich unsere Gattung schrittweise aus der äußeren Natur herausgelöst, um sie sich konsumierend wieder neu einverleiben zu können. Damit wandelte sich auch die Identität des Menschen. Zunehmend fand sie sich wieder in dem, was trennt, im Anderssein, in der Differenz. Auf allen Ebenen vollzog sich diese Trennung – zwischen Mensch und Natur, Mensch und Mensch, und sie machte selbst vor dem Göttlichen nicht halt. Wer sich so von seinen Wurzeln und seinem wahren Wesen trennt, stellt sich außerhalb der Ordnung, der er selbst entstammt. Er sollte die folgende Verwahrlosung also nicht auch noch selbstmitleidig bejammern.

Nur der Weg in eine neue Verbundenheit mit dem Leben kann uns aus diesem Desaster retten. Nur eine Liebe, die alles umgreift und dem Lebensstrom entspringt, wird uns führen können. Doch diese Liebe kannst du nicht erdenken, nicht planen, nicht machen. Sie muss in uns erwachen. Im Strom der alltäglichen Ablenkungen und Todoes wird das nicht gelingen, es sei denn durch Gnade.

Hier nun beginnt der Weg nach Innen, der Weg der Sammlung, der Weg der Stille. Er spiegelt uns unsere seelische Verfasstheit in allen Facetten. Er lehrt uns – oft schmerzhaft und als langes Ringen – Loslassen, Befreiung und die Erfahrung von Verbundenheit und Einssein. So kann sich langsam eine neue, umfassende Liebe regen und in uns ausbreiten. In ihr wohnend, richten wir uns täglich neu auf das Leben aus. Irgendwann kannst du dann nicht mehr anders, als dem Leben bedingungslos zu dienen, verlässlich und treu – so wie echte Liebe sein sollte …

Wir können das sogenannte Außen verwandeln und heilen – durch die Verwandlung des Innen. Das meint, den Ruf der Liebe zuzulassen.

Transzendenz

Allpräsenz – oder: Gott ist Geist

Es gibt wohl keine schwerwiegendere und zugleich proble-
matischere philosophische Frage als die nach dem Sein und
dem Wesen dessen, was *Gott* genannt wird.

Zu einer Frau, die davon ausging, dass hinsichtlich göttlicher Existenz der materielle Ort bei der Anbetung eine
Rolle spiele, sagt Jesus von Nazareth: „Gott ist Geist, und
die ihn anbeten, müssen ihn im Geist und in der Wahrheit
anbeten." (Joh. 4,24) Von dem unsichtbaren Gott sprechen Texte der Heiligen Schriften oder auch von der selbst
nicht erschaffenen ersten Ursache, der Energie hinter allem
Sein.

Gott ist nach diesem Verständnis geistige Energie – die
das gesamte Universum erfüllt und aus der alles wurde, wie
es beispielhaft im 1. Buch Mose steht: *Der Geist schwebte
über den Wassern.* Dieses Allpräsente lebt selbstredend auch
im Menschen und damit der menschliche Geist in ihm,
eine für unser Selbstverständnis und unser Selbstbewusstsein wesentliche existenzielle Einsicht. Es war in einem wei-
terführenden Sinne wohl das, was Jesus meinte, wenn er
sprach: „Ich und der Vater sind eins." (Joh. 10.30) Gleichzeitig hat dies selbstredend nichts mit Monopolisierung
durch einzelne Religionen, etwa dem Christentum, zu tun.
Denn „der Geist weht, wo er will". (Joh. 3,8) Mag es der
Große Geist in indianischen Kulturen sein, *Ruach*, als die
weibliche geistige Wesenheit Gottes im Judentum, der Heilige Geist im Islam, der das Wort Gottes „in Wahrheit herab gebracht, die Gläubigen zu stärken und als eine Leitung
und frohe Botschaft…" (Sure 16,102) oder im Hinduismus

der *Odem Gottes*, der als reiner, unveränderlicher Geist hinter aller vergänglichen materiellen Welt steht.

Der reine Geist betritt in der physischen Existenz des Menschen die Relativität des Leiblichen. Einer an sich absoluten Qualität steht somit das Bedingte mit seinen Möglichkeiten und gleichzeitigen Beengungen gegenüber. Größer könnte in der Folge die Herausforderung für den einzelnen Menschen nicht sein. Denn es geht darum, diese Qualität in uns, trotz aller Grenzen, zu entdecken und ins Leben zu befreien. Das heißt vor allem, das substanzielle Geistige als Grundelement in der menschlichen Existenz zu pflegen. Dazu muss es manchmal erst erweckt und Stufe um Stufe verfeinert werden, wenn es durch die Geschäftigkeit der Welt verdrängt oder gar verschüttet wurde. Stille und eine kontemplative Haltung bilden hierzu den Königsweg.

Die Zuwendung zum Geistigen geschieht nicht nur, um der eigenen Potenzialität gerecht zu werden. Solches endet schnell in spirituellem Narzissmus. Vielmehr leistet jeder geistige Raum in uns einen Beitrag zu der Geistsphäre der Menschheit insgesamt. Soll diese zu ihrer wahren Größe und Schönheit geführt werden, bedeutet das für jeden einzelnen Menschen und für jede Kultur den Anspruch fortschreitender geistiger Evolution. Der moderne christliche Mystiker und Evolutionsforscher Teilhard de Chardin (1881–1955) sah diesen Prozess auf dem Weg von Alpha, dem Beginn, bis zu Omega, der Vollendung. Dort dann, in der Noosphäre, dem geistigen Universum, das Menschheit und Kosmos durchdringt und umhüllt, kommt es zur Verschmelzung des Göttlichen mit dem Menschlichen.

Warum ist die Gottesfrage überhaupt von Belang?

Kann man nicht auch ohne sie gut leben?

Auf eine gewisse Weise sicher. Es hängt davon ab, was wir als gut bezeichnen und womit wir uns begnügen.

Nenne es Gott, nenne es den Urgrund, nenne es die große Mutter oder den himmlischen Vater, nenne es mit Albert Einstein und Baruch de Spinoza (1632–1677) den universellen kosmischen Geist, der sich in der gesetzlichen Erhabenheit und Harmonie des Seienden offenbart.

Worte sind das, alles nur Worte … Aber eines verbindet sie. Es ist die Vorstellung und die innere Gewissheit, dass im Universum kein Zufall herrscht und keine Grundlosigkeit. Allein, dass der Mensch dies denken und, wenn er will, auch empfinden kann, ist ein Zeichen für die Existenz des Geheimnisvollen. Denn auch hier gilt der nur vordergründig trivial klingende Satz, dass von Nichts auch nichts kommt. Wo aber etwas ist und wird, existiert auch ein *Etwas* als Ursprung und Quelle und Verheißung.

Gottesfinsternis und Treue

Der Halt, den wir im Resonanzraum des Göttlichen finden, ist trotz kostbarster Erfahrungen nicht ohne wiederkehrende Anfragen. Sie haben mit der verbleibenden Verborgenheit des Göttlichen zu tun und mit der Finsternis, die sich dann in uns ausbreitet. Dein Streben nach Gewissheit scheint sich in einem undurchdringlichen Nebel im Nichts zu verlieren. Erkennst du jetzt nicht, dass deine Gottessehnsucht, das Verbergende und das Verborgene zusammenhängen und *einander* bedürfen, dann besteht die Gefahr, dass das Vertrauen schwindet und alle darauf gegründete Zuversicht.

Die Sehnsucht nach dem Absoluten und das zugleich Verhüllte bilden den Anstoß, ja den Sog, immer wieder über sich hinauszuwachsen, aller Dunkelheit zum Trotz. Denn in der Vorstellung zu leben und zu verharren, nur sich selbst zu haben und Gott allenfalls als lebensdienliche Fiktion zu sehen, die bei jedem näheren Hinschauen entschwindet, kann furchtbar sein. Wo wäre dann noch ein das persönliche Wissen überschreitender Anspruch auf Wahrheit, wenn das einzige, das wir mit Sicherheit zum Ausdruck bringen können, der Mangel an Wahrheit und an Gewissheit ist?

Gewissheit und das unerkannt Verbleibende hängen also zusammen. Martin Buber spricht das an, wenn er in Bezug auf das biblische Gottesbild betont, dass im Hinblick auf die Präsenz und zugleich Verborgenheit Gottes „Gottesfinsternis" herrscht.[4] Dessen Quintessenz ist das Absolute, nicht das Singuläre und Bedingte. Deshalb kann er in den Erscheinungen des Lebens zwar erspürt und in einer seiner unzähligen Facetten erkannt werden, doch eben nie ganz. Immer öffnet sich nur ein Fenster zu einem Ausschnitt des Absoluten hin, das nicht mit dem Ganzen selbst verwechselt werden sollte. Hinter dem Relativen und Gewordenen bleibt das Unergründliche, das dem Absoluten eigen ist. Gleichwohl zeigt es Stufe um Stufe mehr von seinem Wesen – vorausgesetzt, der Mensch neigt sich unter dem Einsatz seiner ganzen Person zum wahrhaften Hören. Oft fehlt die Bereitschaft zu eben diesem *Hören* und dann wird enttäuscht und frustriert das sogenannte Schweigen Gottes oder gar dessen Tod proklamiert.

Der Mensch kann der Gottesfinsternis und der empfundenen Leere nicht ausweichen. Das lehrt nicht zuletzt das Gefühl der Verlassenheit und der Angst Jesu in der Getsemani-Nacht am Ölberg in Jerusalem. Jene metaphysische Beklemmung, die damit einhergeht, dass sich das Ziel all meines Sehnens zu entziehen scheint, will als Forderung und Impuls verstanden und angenommen werden. In bildlicher Sprache können wir sagen, dass sich das Mysterium der Verhüllung zwischen Himmel und Erde ereignet, um auf die Symbiose beider zu verweisen. Und deshalb ist es allein weder mit dem irdischen Verstand zu verstehen noch mit einer ins Jenseitige sich flüchtenden Vergeistigung.

Die Gottesfrage also geht nicht mit Sicherheiten einher, die aus Verstandeskräften oder sinnlichen Wahrnehmungen zu umfassenden Antworten führen. Stattdessen bleiben nur der Verzicht auf die Suche nach solchen Sicherheiten und das Ungewisse, das es zu wagen gilt. Jeder weitere Schlüssel und jegliche weitere innere Gewissheit liegen genau in diesem Wagnis und in der daraus folgenden Hingabe.

Auf die Dunkelheit, die uns immer wieder einhüllt, treffen wir als suchende und strebende Menschen in dem Raum zwischen Erwartung und Erfüllung. Gemeinsam sind hier beide präsent. Es ist somit auch der Raum des göttlichen Zuspruchs. Er will bereitet und gepflegt sein! Eine authentische und energetische Religiosität lebt von der Beziehung. Sie bedarf ihrer, wie der Beziehung zu einer lebenden Person. Hierin liegt der tiefere Sinn, das Göttliche als personal zu verstehen, auch wenn es immer mehr als das ist und deshalb nie wirklich vollständig zu greifen. Doch Beziehung mit all ihren zentralen Attributen wie Liebe, Sehnsucht, Selbstzurücknahme, empathische Zuwendung und Hingabe können wir wohl nur leben als Verhältnis zwischen Ich und Du. Es geht also in dem Miteinander zwischen Mensch und Gott nicht darum, dass eine als „Person" gedachte Gottheit das Ganze verkörpert, sondern dass der Mensch sich zu dieser Gottheit als bewusstes Leben, das ihm gegenüber steht und ihn umgibt, verhält. Im Verhalten und im Handeln nähern wir uns dem Göttlichen und seiner Schöpferkraft an, gehen in Resonanz und werden in der uns möglichen Weise eins. Es stehen sich somit nicht reines Schöpfertum und ein willenloses, unterwürfiges, in Distanz verharrendes Geschöpf gegenüber, sondern beide zeigen sich als aufeinander verwiesen. Du antwortest in dieser Verbindung auf die Möglichkeit Gottes, dir als Person zu begegnen. Das ist die Weise, in der schließlich das menschliche Wollen und Handeln aus seiner Einsamkeit ins Zentrum des kosmischen Schöpfungsprozesses eintaucht. Das menschliche Wesen streckt sich zwischen Himmel und Erde und wird so seiner Berufung gerecht, Immanenz *und* Transzendenz zu verbinden. So leisten wir unseren Beitrag zur Verwandlung der Welt. Zweifel wollen auf diesem Weg durch Gewissheit im Handeln neutralisiert sein, aller scheinbaren Paradoxie zum Trotz. Treue in einer Beziehung und damit auch die Beziehung zu Gott besteht ihre größte Bewährungsprobe im Nichtverstehen des Du und im aufkeimenden Zweifel.

Das Durchscheinende

Die Reflektion über das Unsagbare gehört zur Geistesgeschichte des Menschen wie die Frage nach dem Sinn des Seins. Das in Worten nicht zu Umfassende und in keinen sprachlichen Ausdruck zu Bringende bezieht sich dabei auf unterschiedlichste Wirklichkeitsdimensionen. Sie reichen von dem unfassbaren Grauen, das wir etwa fast schon metaphorisch in dem Namen *Auschwitz* finden, über die Empfindungstiefe, die mit dem verbunden ist, was den Namen Liebe trägt, bis hin zu jenem Geheimnisraum, dem sich das verschrieb, was wir Mystik nennen.

Auf das begrifflich weitestgehend Unvorstellbare, zumindest aber nie hinreichend Umschreibbare, zugleich aber doch einer gewissen Erfahrung Zugängliche und deshalb Erlebbare, bezieht sich also die Nicht-Sagbarkeit. Alle Worte sind hier immer nur Fragmente dessen, was ausgedrückt werden will, und das Gegenüber, an das ich diese Worte richte, wird wiederum nur Bruchstücke davon so verstehen und deuten, wie ich es meinte.

Doch haben wir ja nicht nur die Worte. Wo diese versagen, erscheint etwa die Kunst. So betonte Richard Wagner, dass dort, wo die Sprache aufhöre, die Musik beginne. Mit ihr allerdings öffnen sich neue Wahrnehmungsräume in neue Tiefen, vor der sich jede versprachlichte Musikkritik eigentlich schamhaft zurücknehmen müsste. Und auch über Bilder und das Sehen in ihren mir zugänglichen Bedeutungsraum hinein, lässt sich nicht wirklich rational und empathisch zugleich sprechen, sieht man von kunstgeschichtlichen Auslassungen einmal ab.

Was bleibt, ist das erzählerische Sprechen des Menschen, dem das Unsagbare begegnet ist und der es erlebt und durchlebt hat. Und dem Gegenüber bleibt dabei das bedingungslöse Hören, ohne zu bewerten, zu vergleichen. Nur solches Hören, das übersetzt werden kann als Hingabe an das, was einen Ausdruck finden will, schenkt den Schatten einer Teilhabe an dem ganz anderen.

Selbst dies jedoch erlischt als Möglichkeit, wenn es um das Numinose, das ursprünglich Geheimnisvolle, den vorsprachlichen und vor jedem Bilde liegenden Grund aller Gründe und damit um jenes geht, was Menschen mit den Namen *Gott* oder *das Göttliche* zu greifen suchen.

Dies ist nun die Stelle, an der es sich zu vergegenwärtigen gilt, dass wir nicht mehr von Wissen reden und auch nicht mehr von Glauben an ein Gottesbild, das doch nur einem menschlichen Bedürfnis entspringt. Wovon wir sprechen, ist die innere Erfahrung des wortlos, zweckfrei und unschuldig Durchscheinenden, des Diaphanen. Dieses Durchscheinende des schöpferischen Grundes begreifen wir nicht mit dem Geist, sondern empfinden es mit der Seele. Es stellt im wahrsten Sinne des Wortes Glaube und Wissen in ein völlig neues Licht.

Was wir über das sogenannte *Absolute*, auch dies nur ein Wort, sagen können, erinnert daran, dass es immer schon da ist, uns umgibt, umhüllt und eben in allem durchscheint. Wie in jedem Lebensquell wird es somit auch im Menschen und durch den Menschen sichtbar – und zwar jenseits der menschgemachten Kategorien von *Gut* und *Böse.* Die Tiefe, die wir erreichen können und die uns wohl von anderen irdischen Lebensformen unterscheidet, liegt darin, sich auf das Durchscheinende einzulassen und es wortlos zu erkennen – oder besser: mit allen Fasern unseres Sein zu erspüren. Dann wird es tragen, zu jeder Zeit, in der du dich durchlässig machst. Das beendet nicht Kommunikation. Aber sie folgt der erlebten Kommunion. Und sie wird in diesem Moment schweigende Rede sein. Sie widersteht der Versuchung, das Unaussprechbare im törichten Gerede und in Diskussionen um der Diskussion willen zu verschleißen, ohne eine letzte Ehrfurcht, die im Verstummen und seiner Akzeptanz ihren Ausdruck findet.

Da ist kein Gott.
Der Himmel ist leer …

Wer kennt nicht den großen Zweifel, der die Suchbewegung hin zu einem Transzendenzbewusstsein begleitet; der Zweifel, der an einer Vorstellung haftet, die wir mit den Namen „Gott" oder „Vater" verbinden und der wir im Christentum einen „Sohn" zuwiesen. Eine berühmte literarische Auseinandersetzung findet sich bei Jean Paul in der „Rede des toten Christus vom Weltgebäude herab, daß kein Gott sei."

> *„Ich ging durch die Welten, ich stieg in die Sonnen und flog mit den Milchstraßen durch die Wüsten des Himmels; aber es ist kein Gott. Ich stieg herab, soweit das Sein seine Schatten wirft, und schauete in den Abgrund und rief: ‚Vater, wo bist du?' aber ich hörte nur den ewigen Sturm, den niemand regiert, und der schimmernde Regenbogen aus Wesen*

stand ohne eine Sonne, die ihn schuf, über dem Abgrunde
und tropfte hinunter" ... *Da kamen, schrecklich für das*
Herz, die gestorbenen Kinder, die im Gottesacker erwacht
waren, in den Tempel und warfen sich vor die hohe Gestalt
am Altare und sagten: „Jesus! haben wir keinen Vater?" –
Und er antwortete mit strömenden Tränen: „Wir sind alle
Waisen, ich und ihr, wir sind ohne Vater."

Ganz ähnlich Rainer Maria Rilke:

„Und dann von tausend Erdensorgen schwer
stieg meine Seele in den hohen Himmel,
und meine Seele fror; denn er war leer.
So warst du niemals – oder warst nicht mehr,
als ich Unsel'ger auf die Erde kam ...
Wenn gläubiges Gefleh nur Irrsinn ist,
du nie dich offenbarst, weil du nicht bist. –
Einst wähnt' ich, ich gesteh, ich sei die Stimme
deiner Weltidee ...
Und in den stummen Steinen gellt's wie des wunden
Wildes Sterbeschrei.
Es legt ein Reif sich auf den nächt'gen Mai.
Ein schwarzer Falter zieht im Flug vorbei
und er sieht Christum einsam knien und weinen."[5]

In beiden Sichtweisen halten die Autoren den „Gottessohn"
noch ganz in der Anhaftung an ein sinnlich vorstellbares
göttliches DU und in der entsprechenden Erwartung per-
sonaler Begegnung. Deren Ausbleiben führt in Verzweiflung und in eine metaphysische Traurigkeit, die letztlich

in einer gescheiterten Erwartungshaltung gründet. Das eigentlich so unbedingt Namenlose will *doch* benannt sein, das so innig innerlich Ersehnte mit den Sinnen im *Außen* gefunden werden.

Doch den äußeren „Vater" und die leibhaftige Begegnung gibt es nicht. Als psychische und „soziale" Wunschprojektionen und in allen Versuchen, das Ersehnte in Bild und Gebärde zu binden, wenn ich es schon nicht finden kann, führen sie vielmehr unendlich weit fort, an einen Ort aussichtsloser Dunkelheit. Auf diese von ihnen vorgenommene brutale Entmythologisierung geben die beiden Dichter schließlich verschiedene und doch ähnliche Antworten.

Jean Paul lässt den Protagonisten seiner Erzählung aus diesem Albtraum von einem im leeren Kosmos umherirrenden Christus erwachen und dann seine Seele vor Freude weinen: „*... und die Freude und das Weinen und der Glaube an Gott waren das Gebet.*" Doch Gott ist nun nicht mehr das gesuchte personale Gegenüber, sondern das Unendliche inmitten der naturhaften Harmonie. „*Und zwischen dem Himmel und der Erde streckte eine frohe vergängliche Welt ihre kurzen Flügel aus und lebte, wie ich, vor dem unendlichen Vater; und von der ganzen Natur um mich flossen friedliche Töne aus, wie von fernen Abendglocken.*"

Rilke stellt seinem einsam weinenden Jesus in einem anderen Gedicht innerste Verbundenheit an die Seite. In ihr verschmilzt Menschliches und Göttliches im namenlosen gemeinsamen Werde- und Reifeprozess.

„Ich liebe dich, du sanftestes Gesetz, an dem wir reiften,
da wir mit ihm rangen; du großes Heimweh, das wir nicht
bezwangen,
du Wald, aus dem wir nie hinausgegangen,
du Lied, das wir mit jedem Schweigen sangen,
du dunkles Netz, darin sich flüchtend die Gefühle fangen.

Du hast dich so unendlich groß begonnen an jenem Tage,
da du uns begannst, – und wir sind so gereift in deinen
Sonnen,
so breit geworden und so tief gepflanzt,
dass du in Menschen, Engeln und Madonnen
dich ruhend jetzt vollenden kannst." [6]

Statt aus der tiefen Verzweiflung eines Golgatha-Jesus mit
„Gott, mein Gott, warum hast du mich verlassen", klingt
hier das „Ich und der Vater sind eins" (Joh. 10,30). Wirklich einsam, metaphysisch einsam, kann danach nur sein,
wer diese Einheit übersieht bzw. sie nicht spürt, sie in sich
nicht findet, sie nicht in der Kontemplation erringt. Diese Einheit lehrt den Menschen seine Allverbundenheit.
Wir nennen das Non-Dualität, die Aufgehobenheit aller
so wunderbaren Unterschiedlichkeit im *einen* Seinsgrund
mit dem Namen *Gott*. Der Menschheitslehrer aus Nazareth
zeigte genau dies auf. Durch alles hindurch offenbart sich
derselbe Geist, der allem zugrunde liegt.

Die Wirklichkeit des Göttlichen liegt nicht in einem
Jenseits, sondern in einem transzendenten Diesseits. Sie
hält sich auf in unmittelbarer Nachbarschaft und im eigenen Innenraum. Das Innen verwahrt den Schlüssel ins

geistige Universum. So wie Hiob über die Schau Gottes sagt:

„In mir werde ich ihn schauen, mit meinen inneren Augen werde ich ihn sehen."

Welt und Überwelt

Im Januar 1943 schreibt der Pfarrer, Arzt und Künstler Kurt Reuber aus dem umzingelten Kessel von Stalingrad an seine Frau über die Sehnsucht nach Licht, Leben und Liebe. Er spricht von ihr als einer unendlichen, elementaren und erdgebundenen Sehnsucht, die sich in jedem Menschen anders regt und zeigt. Dann jedoch vermag sie sich zu wandeln in „die geistige Sehnsucht, diese notvolle Sehnsucht nach einer Überwelt, die der Erde treu bleibt und sich doch aus ihr erhebt … eine Sehnsucht nach allem, was äußerlich so wenig da ist und was am Ende nur in unserem Innersten geboren werden kann."

Überwelt, Anderswelt, Reich des Geistes, Jenseits – das sind Worte, die viele Menschen mit dem verbinden, was man in alter Sprache „fuga mundi" nannte: Weltflucht, ein sich äußerlich und innerlich Ablösen von dem Getriebe des Alltags, indem man sich auf das Jenseits hin orientiert und vertröstet. Reuber, der 1944 in russischer Kriegsgefangenschaft im Lager Jelabuga starb, weist jedoch auf das Wesentliche hin; *der Erde treu bleiben und sich doch aus ihr erheben.*

Es geht also in keiner Weise um einen virtuellen Fluchtraum aus einem als unerträglich empfundenen Sein. Es geht in keiner Weise um das Eintauschen der sogenannten

Realität für ein Traumgespinst. Es geht vielmehr um die Anerkennung und das Sich-Strecken nach jener Wirklichkeit, die immer schon da ist, neben der oberflächlich sinnlich-empirisch wahrnehmbaren „Welt der Erscheinungen" (Kant). In jener Wirklichkeit ist alles eingebettet. Sie stellt in einem tieferen Sinne unser Fundament dar und zugleich unseren Unendlichkeitsraum, in den hinein wir uns sehnend ausdehnen. Mag unsere Kultur es auch geschafft haben, den Menschen sehr weitgehend zu verdinglichen und ihn in ein Wirklichkeitsverständnis hinein zu reduzieren, das in einem billigen Sinne materialistisch ist.

In einem tieferen Sinne ist die „Überwelt" die Wirklichkeit an sich – aus ihr wird alles geboren. Sie zu spüren, erweckte einst die Sehnsucht des Menschen und schuf den Ausgangspunkt für die Religionen aller Kulturen – von den Natur- bis hin zu den monumentalen Geistgebäuden der sogenannten Hochreligionen. Diese Welt kann nicht wegbrechen, nicht verbrennen, nicht in den Fluten versinken. Sie ruht tief in uns, ist die eigentliche, den Tod übersteigende Heimat.

Das Sein der Überwelt folgt wie alles dem kosmischen Grundsatz der Resonanz. Wir können uns nur nach ihr sehnen, weil sie ist, auch wenn die Augen des Leibes sie zu erforschen nicht in der Lage sind. Dazu bedarf es der gereinigten Augen des Geistes, der Seele und des Herzens.

Sehnsucht im Menschen kann nur bestehen durch ein existierendes Korrektiv, aus dem sie hervorging. Wäre diese Seins-Energie nicht, wie könnte sie in uns brennen und uns ziehen? Illusionen platzen und verwehen. Das Wissen und die Gewissheit um die Überwelt, um die Wirklichkeit hinter der Wirklichkeit, die Stille hinter der Stille aber macht uns erst zum Menschen, der sich seiner wahren Identität bewusst ist – als Wesen, das in zwei Dimensionen beheimatet ist, die im Urgrund doch eins sind.

Ewigkeit

Sie scheint ein Reich weit jenseits aller Zeit und aller Grenzen. Aus dem Irdischen taugt kein Maßstab. Fassbare Koordinaten zerfließen in Hoffnungen, Träumen und Sehnsüchten.

Wir schaffen es kaum, das Unfassbare ohne das, was gewiss scheint, zu umschreiben. Erklärversuche von Transzendenz bedienen sich der immanenten Sprache. Den göttlichen Bereich verdeutlichte Jesus mit Gleichnissen und Bildern aus einer Kultur, die den Menschen seiner Zeit vertraut waren.

Und so ist es auch mit der Ewigkeit. Als eine aus Sehnsucht geronnene Idee bildet sie den Kontrapunkt zu unseren Grenzen in Raum und Zeit. Zeitlos und fern aller Räume steht sie für das Unvergängliche, das keinen Anfang hatte und auch auf kein Ende zusteuert. Dem Ewigen fehlt die trennende Differenz. Ob es zeitlos steht oder sich im unendlichen Fluss bewegt, scheint eine unbedeutende Frage.

Ewigkeit mag dann wohl das sein, was bleibt, was einfach *ist* – in jedem Moment. Und deshalb gilt, dass wenn du im Moment lebst, gegenwärtig bist, du dich inmitten der Ewigkeit aufhältst. Sie ist nicht ein Abgespaltenes, das am Ende deiner leiblichen Tage auf dich wartet. Sie umgibt uns vielmehr jederzeit. In ihr kommen und vergehen wir, werden und verwehen wir. Doch was verweht, bleibt zugleich, wenn auch in anderer Form und Weise. So ist jedes Sein ein Ewiges, vorausgesetzt, wir denken es nicht statisch.

Betrachten wir Zeit und Ewigkeit so als ein ineinander Verflochtenes, dann ist Ewigkeit das, was sich im Moment flüchtig zu erkennen gibt, um sogleich in andere Facetten überzugehen. Jedes Auge, jeder Sinn nimmt das unterschiedlich wahr. Jeder Blick eines Wesens erfasst andere Wirklichkeitsdimensionen eines uns immer umgebenden unerschöpflichen Möglichkeitsraumes. Und so brauchen wir uns deshalb nicht wegzuträumen; jederzeit sind wir inmitten von Allem, und in diesem Verständnis wahrhaft ewig, Teil der Zeitmächtigkeit im unendlichen Strom von Sein und Werden und Vergehen.

Innere Ausrichtung

Wir haben immer Möglichkeiten. Jede Ohnmacht, jedes Scheitern und auch schlicht jede existenzielle Frage führen uns zu Optionen, sich dem Leben neu zuzuwenden. Gleichzeitig sind unsere Möglichkeiten endlich. Das erfordert Orientierung, Bereitschaft zur Auswahl und Entscheidungsklarheit. Die ersehnte Neupositionierung im Leben verweist damit auf die Vorbedingung einer sinnstiftenden und kräftigenden Instanz. Wir brauchen eine Vorstellung, ja die innere Gewissheit davon, wohin wir wollen. Es geht dann um nicht mehr und nicht weniger als den nächsten Schritt im Streben nach der uns als Person möglichen Weise der Vollendung. Dabei gilt es, sich weder zu mindern, noch einer Selbstüberschätzung zu erliegen, noch in Trägheit (Acedia) zu verfallen. Zu allgegenwärtig ist nämlich die Versuchung in ihren verschiedenen Schattierungen. Niemals können wir ihrer Überwindung ganz sicher sein.

Zu dieser orientierenden Instanz weist Religion, religio, Rückbindung, den Weg, auch wenn sie ihn in Geschichte und Gegenwart selbst nur zu oft verlassen hat. In ihr ruht – und das ist entscheidend – das Potenzial und die überzeitliche Energie, um die Seele des Menschen bei seiner Suche nach dem Einen und Absoluten zu führen und zu stärken. Ist sie doch als Wurzelkraft getragen von der Weisheit und dem tiefen Wissen darum, dass, wie Augustinus es aussprach, das Herz des Menschen erst im Göttlichen zur Ruhe kommt. In alter Sprache: *Inquietum est cor nostrum, donec requiescat in te. (Unruhig ist unser Herz, bis es Ruhe findet in Dir.)*

Glaube und das aus ihm entstehende Vertrauen wachsen so zum Gegenpart der Verfehlung. Glaube meint hier nun allerdings nicht irgendein Gefühl in der Seele des Menschen, sondern, wie Martin Buber es formulierte, den „Eintritt in die Wirklichkeit, in die *ganze* Wirklichkeit, ohne Abstrich und Verkürzung".

In dieser umfassenden Wirklichkeit zu leben, beendet das Verhängnis, sich selbst überlassen zu bleiben. Es schwächt die Anfälligkeit für das Lebensfeindliche, ohne sie ganz löschen zu können. Im Unterwegs-Sein zwischen den Höhen und Abgründen des Lebens leuchten die Gewissheiten der inneren Ausrichtung wie der Nordstern dem Wanderer in der Nacht.

Der Zugang zu Glaube und Vertrauen führt über die Sehnsucht des Menschen nach dem Absoluten und nach letzter Beheimatung. Hier ist nun wichtig zu betonen, dass in dieser Sehnsucht der Mensch in seiner stärksten Kraft und seinem wohl authentischsten Zustand lebt. Sie führt ihn, wenn auch auf völlig unkalkulierbaren Wegen. Sie hält in Bewegung, zieht auf die unterschiedlichsten Bühnen des Lebens. Als der rote Faden in der Existenz will sie zum Überschreiten führen. Darin liegt sie nahe am Traum, dieser wohl ursprünglichsten Freiheitsbewegung des Menschen.

Wunschwelten und Treue

Wir leben in Wunschwelten und sehnen uns inmitten dieser zumeist nach Licht, auch in einem übertragenen Sinne. Licht steht für das, wonach wir uns strecken. Licht meint Leben. Licht ist auch eine Umschreibung für das Göttliche. Das Dunkel hat demgegenüber oft etwas Bedrohliches; auch dies sowohl im physischen wie im übertragenen Sinne. Wir neigen dazu, ihm auszuweichen. Und schon gar nicht scheint es etwas mit dem Heiligen oder gar Göttlichen zu tun zu haben. Was für eine Verkennung!

Umschreiben wir das „Göttliche", das im Letzten unverstandene Sehnsuchtsgut, einmal nüchtern als das Absolute, als den Werde- und Entwicklungsimpuls, als die evolutionäre Energie, als die zum Prozess gewordene Urliebe zum

Leben … dann ist diese Energie, ist dieses Absolute immer umfassend im ganzheitlichen Sinne. Hell und Dunkel sind in Unterschiedlichkeit eins. Das Eine wäre nicht ohne das Andere. Oder wie Teilhard de Chardin es sinngemäß ausdrückte: *„Du kannst die Erhabenheit der Bergzinne nur erahnen angesichts der Tiefe des Abgrundes, aus dem sie aufragt."*

Dieses gilt es nicht nur zu verstehen, sondern auch anzunehmen für unser Leben. Ja, wir müssen es als eine für das Sein an sich und für das göttliche Du wesentliche Weise der Erscheinung respektieren, es vielleicht sogar lieben. Dann führt es uns aus der Verfangenheit in die eigenen, engen Bedürfnisse und Wunschwelten. Die Zweifel, die wir haben, wollen durch Gewissheit im Handeln beruhigt sein; trotz aller Paradoxie, die wir immer wieder zu spüren scheinen. Treue in einer Beziehung und damit auch die Treue zu dem, was wir das Göttliche nennen, besteht ihre größte Bewährungsprobe im Nichtverstehen des Du und im aufkeimenden Zweifel. Wachsende Empfindungsfähigkeit für die Berührungen aus dem transzendenten Raum und eine wachsende Geborgenheit sind die schönsten Früchte dieser Treue. In ihr findet, selbst in den Stunden tiefster Einsamkeit, zudem die Sehnsucht des Menschen Bestätigung. So hält er sich selbst die Treue.

Die Menschen, die sich Christen nennen, leben in der Gewissheit, dass in der Person des Jesus von Nazareth der unbekannte Gott sich selbst ausgedrückt und mitgeteilt hat. Diese Selbstmitteilung sollte nicht nur als eine sich zum Menschen hinwendende Geste der Versöhnung verstanden werden. Sie will vor allem vielen Zweifeln den Grund und die Begründung nehmen. Zugleich leitet sie *potenziell* eine neue Stufe der Menschwerdung ein. Der Geist universaler Verbundenheit zeigt sich in der Theophanie des Alltäglichen und der Natur; Erkennen, Denken, Sprechen und Handeln entstehen aus einer neuen Klarheit; bedingungsloses Vertrauen kann wachsen, durch das, was wir den Tod nennen, hindurch. Transzendenz wird nun spür- und erfahrbar.

Doch eine Mahnung sei ausgesprochen: Geborgenheit und Vertrauen befreien nicht von Verantwortung. Von uns selbst Verursachtes will auch von uns selbst bewältigt sein – personal, kollektiv, als Menschheit. So lautet der Preis der Menschwerdung, der Preis der Freiheit, der Preis eines Seins jenseits von Eden. Es ist die nüchterne Wirklichkeit. Und das gilt es wiederum nüchtern, wenn auch vielleicht gelegentlich nicht ohne Melancholie zu sehen.

Die Liturgie
des Lebens

Auch Rast ist Reise

Status viatoris, Zustand des Wanderers, nannte die scholastische Theologie das Wesen des bewussten und nach Glückseligkeit strebenden Menschen: Es geht um den Unterwegs-Charakter unseres Daseins zwischen *Schon jetzt* und *Noch nicht.* Zum Werden hin sind wir geschaffen, trotz aller Vergänglichkeit. Der Sinn des menschlichen Seins erfüllt sich in Entwicklung, Erkenntnis und innerem Wachstum. *Status viatoris* widerstrebt so dem Bedürfnis nach einer Anhaftung, die das Fließende aus dem Leben nimmt. In der Wanderschaft zeigt sich unsere Identität als Kinder eines Universums, das in Bewegung ist und das keinen Abschluss kennt. Denn auf den siebten folgt der achte Tag …

Wie von einer unsichtbaren Hand gezogen und geführt, verlassen wir so in der Geschichte unserer Art immer wieder erworbene Sicherheiten und Beständigkeiten. Die Suche richtet sich auf schöpferische Wege in das Neuartige und in unseren Augen möglicherweise Bessere.

Sehnsucht nach dem Unvergänglichen inmitten des Vergehenden, nach Heimat und Einssein inmitten von Trennung und Spaltung, nach Schönheit und Harmonie inmitten von Zerstörung, heißt die Führerin in diesem Prozess.

Leichtes Gepäck erleichtert Pilgerschaft und Reise. Das gilt im Kleinen wie im Großen. Unterwegs zu sein, kann so auch als Synonym dafür gesehen werden, Überflüssiges zurückzulassen und in gewissem Sinne zu einem Vorübergehenden zu werden. Leicht mag das als Wankelmütigkeit oder gar Treulosigkeit gesehen werden. Doch es geht um etwas anderes.

Nicht von Unbeständigkeit ist hier die Rede, sondern von großer Beständigkeit – hinsichtlich der Liebe zu einem Leben, das sich als Prozess versteht. Beständig sind auch die damit verbundene innere Haltung und das Vertrauen darauf, dass sich das, wessen das Leben bedarf, dann ergibt, wenn wir es benötigen bzw. bereit dafür sind. Es gibt schließlich ein Weitergehen, ohne etwas zu verlassen und ohne dass die Zuverlässigkeit leidet. Die Vorübergehende befreit und verwandelt sich. Lebenswanderin, ja Lebenswandlerin zu sein, ist ihr inneres Bild, von dem sie getragen wird – wohl wissend, dass es den freien Menschen ausmacht, wahrhaft lieben und treu sein zu können, ohne anzuhaften. Wer die Stationen des Lebens und die Regungen des Schicksals erkennt, annimmt, bewältigt und wertschätzt, kann bleiben ohne zu erstarren.

In Johann Wolfgang von Goethes Faust spricht dieser zu Mephistopheles:

Werd ich zum Augenblicke sagen:
Verweile doch! Du bist so schön!
Dann magst du mich in Fesseln schlagen,
Dann will ich gern zugrunde gehn!

Auch der Pilger durch sein eigenes Leben wird innehalten, Rast einlegen, der Heimat verbunden bleiben. Aber es käme ihm nicht in den Sinn, den Moment zu halten. Denn *der Augenblick ist Gottes Gewand*[7], wie es Martin Buber ausdrückt. Und er gewinnt Besonderheit gerade durch seine Flüchtigkeit.

Wandeln wandelt – Ein Lob des Gehens

Im Gehen, in der Verbindung der Füße mit der Erde, die uns trägt, bin ich mit mir selbst unterwegs. Ich kann mir nicht entkommen. Die Gedanken werden, wenn ich es zulasse, tief. Sie strukturieren und ordnen sich. Neues tritt hinzu oder bricht einfach so ein, als hätte die Bewegung es in einem eingefriedeten Geist freigeschüttelt. Die Dynamik der körperlichen Bewegung, die Verbindung mit der Atmung und die Bewegungen des Geistes verschmelzen zu einer Einheit.

Dass er sich die besten Gedanken angelaufen habe, vermerkte der Kopenhagener Religionsphilosoph Sören Kierkegaard. Er stellt sich damit neben das griechische Philosophengenie Aristoteles, auf den die Peripatetiker zurückgehen (griechisch: ‚peripatētikós' – ‚einer, der auf und ab geht'). Wir können darüber auch als einer Schule der Umherwandelnden sprechen. Aristoteles selbst lehrte im Hin- und Hergehen. In der peripatetischen Schule wurde eine Verbindung des zu reflektierenden Themas mit der sinnlichen Wahrnehmung des Ortes *in der Bewegung* hergestellt. Das ermöglichte Überlegungen, die das sitzende Brüten über einem Blatt Papier/Pergament so wohl kaum zu Tage gefördert hätte.

Das Gehen weitet Herz, Seele und Geist. Die Horizonte der Landschaft oder auch der Stadt verändern unsere inneren Horizonte, verschieben, erweitern sie. Welt greift Raum in dir. Sie relativiert durch ihre Größe die kleinen Verfangenheiten, in denen dein Geist vielleicht gerade feststeckt. Manche melancholische Verstimmungen, ungute Emotionen oder Verärgerungen lösen sich auf. Du kehrst anders zurück, als du losgegangen bist. Wandeln verwandelt. Und es vermag einen außerordentlichen Beitrag zu deiner Heilung auf allen Ebenen von Körper, Geist und Seele zu leisten. Hippokrates von Kos (460–370 v.Chr.), der berühmte Arzt der Antike und Begründer der (modernen) Medizin, fasste das in den Satz: „Gehen ist des Menschen beste Medizin."

Die Schritte, die wir so unterwegs sind, stehen auch für den Archetyp des Pilgerns. Es ist das existenzielle Unterwegs-Sein, das unentwegt ins Ungewisse Schreiten, ohne dir selbst auszuweichen. Du musst dafür nicht unbedingt ein konkretes Ziel, einen „heiligen" Ort als Orientierungspunkt haben. Dieses Gehen an sich hat eine Tiefe, die wohl am Besten mit „spirituell" umschrieben werden kann.

Bildschirme, sei es am Computer, am Smartphone oder am Fernseher, saugen unsere Wahrnehmung in sich auf, ziehen sie in sich und ihre Texte, Töne und Bilder hinein. Zugleich lähmen sie den Leib, der doch auf Bewegung hin so wurde, wie er ist. Im Aufstehen, Durchatmen und Gehen werden wir uns dann nicht nur als Körper-Seele-Geist-Einheit immer wieder gerecht, es zeigt sich darin auch eine Haltung, die sich nicht mit Hinnehmen, Verharren und Sich-Einrichten bescheiden will. Sie drückt vielmehr im Kleinen aus, was für das Leben an sich gilt.

Das Fest

Das „Fest" hat schon vor langer Zeit einen dramatischen Bedeutungswandel vollzogen. Dieser ereignet sich zumeist da, wo Individualismus, Hedonismus und Trägheit des Geistes eine unheilige Allianz eingehen. Das Fest wird dann zum bloßen Feiern verstümmelt, der Anlass, gleich welcher Art, transportiert lediglich noch den Grund, sich gehen zu lassen. Doch das als Fest deklarierte Feiern, genau wie der in Überfluss erstickende Müßiggang, haben mit dem Ursprungsgedanken des Festes nichts gemein. Es ist allenfalls der verzweifelte Versuch, sich das Erhabene zu erkaufen und verzehrend zu vereinnahmen.

Nehmen wir etwa die großen liturgischen Feste der Christenheit: Weihnacht, Ostern, Pfingsten. An sich stehen sie für *Verzauberung, Verwandlung, Erneuerung*. Fest und Authentizität bilden dabei eine verschmolzene Einheit. Mit pseudofestlich inszenierten kirchlichen Ritualen, die kulinarische Familienfeiern bloß folkloristisch garnieren, können sie genauso wenig den Tisch teilen wie mit als „Advent" maskierten Konsum-Orgien. In welch bitterer Ernüchterung müsste das Pseudofest aufschlagen, würden seine Protagonisten nach der wahren und tiefen Bedeutung befragt.

Das Fest täuscht nichts vor. Es ist, was es feiert.

Was meint das?

An die tiefsten Fragen, die mit dem Sein verbunden sind, will und soll uns das Fest erinnern. Es dient keinem äußeren Zweck, keinem „Um zu". Es stillt keinen Nutzen. Es kommt aus der puren Bejahung des Seins, das Schmerzende, den Tod und das mit Trauer Versehene inbegriffen.

Mit der im Fest zum Ausdruck kommenden Freude am Sein schreibt sich gleichsam das JA fort, das in der Schöpfungsgeschichte im Satz zum siebten Tage ausgesprochen wird: *Und siehe, es war sehr gut.*

Der Sonntag ist, so betrachtet, die Urform des Festes in unserer Kultur, eine Spielart gleichwohl, die sich in Abwandlungen in allen Kulturkreisen und -weisen findet.

Es wäre nun aber verfehlt, würde man das Fest auf das reduzieren, was als das ganz Andere dem Alltäglichen gegenübersteht, einen gleichsam „heiligen" Bezirk verkörpernd. Nein, es lebt von dem Bezug zum Alltag, ist ja darauf verwiesen, allein schon dadurch, dass es den alltäglichen Rahmen, der uns so begrenzt, sprengt. Es will aus der Verfangenheit in Lebensroutinen holen, die alle Aufmerksamkeit und Energie für sich in Anspruch nehmen. Es will den Menschen neu gründen. Aus den festlichen Augen heraus, wird somit gerade auch das sogenannte Alltägliche von einem Glanz der Besonderheit überzogen. So findet es potenziell in seine Erneuerung hinein, und vielleicht zu einer Unschuld, die allem Geborenwerden normalerweise mitgegeben ist.

Der Gedanke des Festes ist integral in seiner Bezugnahme auf das *ganze* Leben und alle Lebensformen. Die Mühsal des Seins wird nicht verdrängt. Sie gehört spiegelbildlich zur Zufriedenheit, so wie Lebensfreude und die Empfindung des Vergehens auch.

In seinem Grundauftrag kann das Fest somit als ein Fortwährendes gesehen werden, als Teil einer alles übergreifenden kosmischen Liturgie des bewussten Seins. Es ist kein singuläres Ereignis, kein Event. Es drückt eine grundsätzliche Haltung dem Leben gegenüber aus. Wo diese Haltung im Herzen lebt, lebt das Fest als Feier des Seins.

Vertrauen, Heimat, Struktur – das Ritual

Wir können ohne Rituale nicht leben. Sie geben Halt, Struktur, Bindung. Sie schützen das Gefühl von Vertrautheit und Verlässlichkeit in einer Welt, die zu entgleiten droht und deren Endlichkeit uns jederzeit unmissverständlich vor Augen führt, was wir sind: Vorübergehende und Vergehende.

Gerade dem aber stellt sich das Ritual entgegen, indem es jene Wege findet, die dem Gehen Würde an die Seite stellen. So vermögen selbst dort noch Vertrautheit und Getragensein entstehen, wo Schock und Schrecken in unser Leben treten.

Rituale reduzieren die Vielfalt der Welt, ihre Unberechenbarkeit und Komplexität. Auch in ihrer schlichten Form machen sie das Leben oft einfacher, und sei es nur, weil man weiß, wann man einem Gegenüber die Hand schütteln muss. Sobald solche Regeln nämlich aufgeweicht sind, muss man sich ständig neu entscheiden. Rituale stabilisieren so den Alltag, zumal in einer immer komplexer und unübersichtlicher werdenden Kultur.

Das Ritual wirkt als Bindeglied zwischen Person und Gemeinschaft. Es einigt die vagabundierenden Gefühle einer Person. Zugleich bringt es das Gemeinschaftliche hervor. In dem zeremoniellen, rituell eingebetteten Ablauf stellt der Einzelne seine Eigenheiten und sein Eigensein zurück. Er ordnet sich einer verordneten Abfolge unter und drückt damit Respekt gegenüber etwas Drittem aus.

Im Vollzug des Rituals formen sich die Personalitäten zu einem sozialen Körper. Wir erkennen an dieser Stelle die geradezu evolutionäre Bedeutung des Rituals, gerade für die auf allen Ebenen egoverlorene Kultur der Gegenwart, in der verbindliche Normen und Werte-Kodizes mehr und mehr wegbrechen.

Rituelles Wissen wird durch das Ritual selbst ersichtlich. Die Wahrheit des Rituals ruht so in sich selbst und seinem Vollzug. Du kannst das Ritual nicht verstehen, wenn du keinen Zugang zu seiner Wahrheit und zu seiner Wirklichkeit hast. Denn das Ritual kann nur von innen her verstanden werden.

Rituale wirken über die Sinne, sie wecken Gefühle, sie gehen mit Geist und Körper in Resonanz. Beide verschmelzen im Ritual zu einer Wahrnehmungs- und Ausdruckseinheit. Musik, Berührungen, Gerüche, etwa von Weihrauch, etwas zu sich nehmen … all das wirkt stark auf die innere Wahrnehmung.

Die Wahrheit des Rituals entsteht durch das Tun, durch seinen Vollzug. Wissen wird durch Körperlichkeit gewonnen und vermittelt. Es ist handlungsorientiert. Um seine ganze Kraft zu entfalten, braucht das Ritual die körperliche Gegenwart. Der Körper ist gleichsam das Medium des Rituals. Abstrakte Inhalte und Orientierungen werden dadurch sinnlich erfahrbar, emotional spürbar und mit anderen Menschen auf dieser Ebene teilbar und fähig zum Austausch. Es geschieht damit eine Rückbindung an jene Realität, die unseren Sinnessystemen direkt zugänglich ist.

Als groß hat sich in der Geschichte immer wieder die Gefahr erwiesen, die in der Verselbstständigung des Rituals liegt und in einer Gewöhnung, die zur Erschöpfung führt. Die einerseits notwendige Festschreibung und die gleichzeitige Verinnerlichung durch den Menschen kann dazu führen, dass die Form erstarrt und zugleich den Sinn deformiert und den Geist beengt. Gewöhnung stärkt, aber sie verleitet auch zur gedankenlosen Routine. Diesen Gefahren gilt es mit Achtsamkeit und Wachheit zu begegnen. Aber sie mindern nicht die grundlegende Bedeutung des Rituals. Für die Gegenwart und ihre Transformation in eine dem Leben dienende Zukunft hinein gilt dies besonders. Denn für sie benötigen wir neue Wahrnehmungsweisen und Rituale, die den Ego- und Anthropozentrismus überwinden und die uns auf eine neue Verbundenheit von Mensch, Mitwelt und göttlicher Welt verweisen. Durch ein im Erkennen und in der Abstraktion verbleibendes Bewusstsein allein werden wir die notwendigen Schritte nicht gehen können.

Die Sehnsucht und das Heilige

Das Heilige steht in *steter* Resonanz mit der Energie, die wir „himmlisch" nennen. Das macht es ungetrennt, ganz, heil, heilig. Besondere Tage und Zeiten, die Hochfeste in den Religionen, wollen an diese Energie erinnern; und so werden in ihnen Geschichten, Gleichnisse erzählt: von der außergewöhnlichen Geburt, dem hingebungsvollen Leben und Leiden, der gnadenhaften Auferstehung, der Himmelfahrt und der Verschmelzung des göttlichen mit dem irdischen Geist. Diese Erzählungen geben in jeweils unterschiedlichem Rahmen Kunde von der Präsenz des „Himmlischen" im Irdischen, des Heiligen inmitten des Profanen; und sie wollen dadurch in dir den Sehnsuchtsfunken für eine Zeitspanne neu entfachen.

Die Weihnachtszeit, wie andere Hochfeste auch, erleichtert es uns, von dem Heiligen, dem Göttlichen, dem Geheimnisvollen zu sprechen, ohne dass wir uns übermäßig begründen müssten. Und dies gilt selbst noch in einer so von sich selbst und seiner eigenen Tiefe entfremdeten Menschheitsepoche wie der unseren. Da erkennen wir, selbst im Lärm der klingenden Kassen, selbst inmitten der mit Lichterketten umrankten Weihnachtsschlitten in den Vorgärten und selbst inmitten der getriebenen Menschen, gelegentlich noch einen letzten Respekt, eine letzte Vorsicht und Demut. Ansonsten fühlt sich im alltäglichen Leben das Sprechen über das Heilige doch eher schwer an. Du ringst um Worte, umschreibst, was eigentlich nicht umschrieben, sondern gespürt werden will. Letztlich nimmst du dich hinter der kalten und zugleich alles überragenden Macht des Materialismus mehr und mehr zurück. Selbst in manchen spirituellen Traditionen reift zum Dogma, dass da kein „Du" sei. Es zählt dann nur die Einübung in die Stille des Nichts; die gelebte Sehnsucht nach dem Absoluten – sie gilt als ein Weg der Illusionen, dem es an Nüchternheit mangelt.

Dem Heiligen nachspüren, der Ehrfurcht Raum geben, sich von dem Schauer des Geheimnisvollen berühren lassen – das ist existenzielles Suchen und Finden zugleich. Genau darin liegt unser tieferer Menschheitsauftrag. Hätten wir dies: die Berührbarkeit letztlich durch alles, was lebt; das

Erkennen, dass der göttliche Bereich nicht „jenseits", sondern inmitten ist, inmitten vor allem von uns selbst; lebte in uns die sehnsuchtsvolle Liebe zur Einheit der sichtbaren und der unsichtbaren Welt … dann hätten wir zugleich den Zugang wiedergefunden zum rechten Maß in allen Dingen.

Sich sehnen heißt suchen. Suchen will finden. Suchen ist finden! Denn in der Suchbewegung allein schon stehst du in Resonanz mit dem Ersehnten. Deine Sehnsucht nach dem Absoluten, es gäbe sie nicht, wäre da nicht – wie im Bild des Michelangelo in der Sixtinischen Kapelle – die ausgestreckte Hand des Göttlichen zu dir hin. In diesem gegenseitigen Willen zur Begegnung und Vereinigung ruht das Geheimnis zwischen Gott und Mensch. Als Anspruch und Gnade zugleich ist es ein Versprechen über Weihnacht weit hinaus.

Heilige Zeit

„Der Himmel ist nicht ‚oben' … im geistlichen Bereich ist der Himmel ebensogut oben wie unten, links oder rechts. Der Zugang zum Himmel ist die Sehnsucht. Wer sich sehnt, im Himmel zu sein, ist geistigerweise bereits dort. Wir laufen nicht mit unseren Füßen zum Himmel, sondern mit unserem Verlangen."

Im England des 14. Jahrhundert schrieb ein unbekannt gebliebener Mönch diese Sätze in einem Werk mit dem Titel „Wolke des Nichtwissens". Er verstärkte sie noch dadurch, dass er alles Äußere, wie Körperhaltung, Ritual und Gebärde dem Nachrangigen zuordnete. Die heilige Sehnsucht, so die Botschaft, kann sich nicht kreisend aufhalten in geistverschlossenen Festschreibungen und Gebräuchen.

Die Erkenntnis aber, sich nicht einrichtend aufzuhalten, schließt selbstredend die Form und ihre Bedeutung nicht grundsätzlich aus. Eher im Gegenteil. Zur Lebenshaltung der Sehnsucht nach dem Absoluten gehört das Ritual; es ist Einübung und Hinführung, bereitet Geist und Körper, dient der symbolischen und wahrhaftigen Reinigung der Seele; es erinnert uns daran, wozu und woraufhin wir unterwegs sind. Ohne diese Erdung und Zentrierung verlören wir auch die göttliche Paradoxie aus den Augen, die sich als transzendent und immanent zugleich zu erkennen gibt.

Heilig nennen wir das, worin für uns das Absolute, das Göttliche, im Irdischen durchscheint. Aus ihm spricht Gegenwärtigkeit. In ihm wird der Atem des Numinosen spürbar. Etwas berührt dich. Es schimmert ein Hauch vom ewigen Licht. Wer diesen Schimmer in mehr und mehr Wirklichkeiten wahrnehmen kann, der lebt schon jetzt nahe am göttlichen Bereich, steht in stetiger Resonanz mit ihm; er spürt das an sich Schöpferische durch die Schöpfungswirklichkeit hindurch. So wird das Heilige uns allgegenwärtig.

Gleichwohl verdichtet es sich an bestimmten besonderen Orten, zu bestimmten und besonderen Gegebenheiten und Zeiten, in bestimmten Personen.

Moses erkannte es im Dornbusch. Es sprach zu Franziskus durch die Elemente, durch Pflanzen, Tiere und Menschen. Beide nahmen in tiefem Spüren diese Selbstmitteilung des Absoluten ernst, und sie nahmen sie in sich auf. Dadurch erfuhren sie selbst Heiligung, Heilung.

Heiliges scheint wie von Gott berührt und durchdrungen. Es gibt Zeichen von der Sehnsucht des Absoluten nach dem Leben – und wahrlich nicht nur des menschlichen Lebens.

Der Stern zu Bethlehem, das Stroh in der Krippe, die Tiere, die Hirten und die „Heilige Familie" erzählen davon. Die Weihnachtsgeschichte will uns so gleichnishaft erinnern ... an die Präsenz des Transzendenten im Immanenten, des Ewigen im Zeitlichen, des Himmlischen im Irdischen, des Göttlichen im Seienden ...

Mit der Kraft der Stille

In Texten, Tönen und Bildern droht unsere Zeit sich zu verlieren. Sinne werden zerrieben durch den ununterbrochenen Schwall der Worte und den Sog der audiovisuellen Berieselungs- und Narkotisierungsmaschinen. Das tiefe Hören ist zu einem nahezu vergessenen Kulturgut geworden. Tiefes, rechtes Hören erfordert die sensible Offenheit aller Sinne. Rainer Maria Rilke drückt das in einem Gedicht, das er für Karl Graf Lanckoronski schrieb[8] , so unvergleichlich aus:

> *„Das Leiseste darf ihnen nicht entgehen,*
> *sie müssen jenen Ausschlagswinkel sehen,*
> *zu dem der Zeiger sich kaum merklich rührt,*
> *und müssen gleichsam mit den Augenlidern*
> *des leichten Falters Flügelschlag erwidern,*
> *und müssen spüren, was die Blume spürt."*

So geht es also nicht bloß um Nicht-Sprechen als einem äußeren Still-Sein. Vielmehr beruht gesammeltes Hören auf gesammeltem Schweigen. Und dies meint nicht nur das Verstummen der nach außen gerichteten Worte. Vielmehr schweigen auch das innere Mitsprechen und Mitargumentieren, während das Du seine Worte formuliert bzw. seinen Ausdruck sucht oder gar darum ringt. Solches Schweigen sagt Ja zum anderen. In ihm ereignet sich das Hören mit der Seele. Es gibt der Rede erst ihren Sinn und ermöglicht dem Wort oder Ausdruck des Gegenübers das Gewicht, welches ihm zusteht. Nun entfaltet sich schöpferische Energie. Sie ermöglicht den, dem wir zuhören, und sie ermöglicht zugleich mich, den Hörenden, selbst. In der Tiefe des Hörens entsteht in uns der Raum, der das ins Werden bringt, was ansonsten blockiert bliebe. In ihm entbieten wir dem Du unseren Respekt, nehmen es an und schaffen jenseits aller Rollen und Befindlichkeiten eine Verbundenheit in der Situation. Hören lebt vom Loslassen, von der Freigabe der Erwartungen, der Wünsche, der Hoffnungen, der Urteile und der Vermutungen. Dann schwingen die ansonsten zugedeckten feinen Nuancen im Feld der Wahrnehmung. Dies bezieht sich nun nicht nur auf das menschliche Gegenüber. Dem Leben an sich in seinen vielfältigsten Ausdrucksformen sollten wir so begegnen – also auch dem Du von Fauna und Flora, dem Du in mir als der Regung der Seele und schließlich vor allem auch dem göttlichen und geistigen Du.

Tiefes Hören, wahrhaftes Zuhören, entschleunigt Kommunikation und erleichtert damit Präsenz und Reflexion. Stille hilft dabei. Sie entzieht dem Sprechen seine Allgewalt.

In ihrem Schutzraum können die Kommunizierenden ihre eigenen inneren Stimmen vernehmen und Sensibilität für die der anderen entwickeln. Bewusst gewählte Stille zwischen den Worten unterbricht den Fluss von Rede und Gegenrede. Sie bereitet immer wieder darauf vor, erneut in Tiefe zu hören.

Dies gilt nicht nur für den Alltag, sondern auch für religiöse Vollzüge. Wie soll uns etwas berühren, wenn wir erfüllt und unsere Wahrnehmungen zugestellt sind mit unseren Gedanken und dem ununterbrochenen Strom der Worte und der Rituale? Deswegen gilt auch für den geistigen/geistlichen Raum: Stille, Hören, das nach innen Lauschen und Spiritualität können nicht nur nicht voneinander getrennt werden; nein, sie sind symbiotisch aufeinander verwiesen! Der *Geist* muss eine Chance haben, zu uns durchzudringen. Aus der Stille schließlich erwächst dann das autoritative Wort in neuem Glanz.

Der Tod – letzte Bastion der Freiheit

Auf der gegenwärtigen Evolutionsstufe stehen wir zwischen der Anhaftung im Diesseits und dem Sehnsuchtsdrang, der in die Überschreitung führen will. Als Kinder der Erde und der Geschichtlichkeit sind wir dem Vorübergehenden ausgeliefert und immer im Angesicht der grundsätzlichen Vergänglichkeit, die alles beherrscht. Als Transzendenzwesen strecken wir uns demgegenüber in das Unbedingte, in die zeitlose Energie des Absoluten, dem wir entstammen. So schwingt der Mensch zwischen Alpha und Omega. Sein

Platz ist die Bewegung, seine einzige Identität der Fluss von Potenzialität und Vergänglichkeit.

Diese Identität hat keinen festen Ort und keine feste Zeit und schon gar kein statisches Bewusstsein ihrer selbst. Wir können sie nicht haben, nicht an Dingen festmachen oder an zeitbedingten Normen und Urteilen. Was bleibt dann? Es bleibt die Identitäts*krise* als Identität. Diese Krise schließt vor allem immer das Bewusstsein des Todes als letzter Freiheit mit ein. Er steht als unübersehbares Zeichen für die Vergänglichkeit und doch setzt er zugleich die Zeit, die sich im Bewusstsein der Menschen vor ihm windet, außer Kraft und überwindet sie.

Unsere allein an das Gegenwärtige, das Sichtbare und das Immanente gebundene Kultur negiert den Tod. Sie meint zu haben, grenzt sich damit ab und muss verteidigen. Der Grunddefekt, den die Anbetung des Endlichen in sich trägt, liegt darin, es absolut zu setzen. Sie konstruiert damit eine ganz eigene Vorstellung von Ewigkeit, die sich daraus nährt, dass es anscheinend immer weiter geht und immer besser wird und ansehnlicher. Wie im Fortschrittsglauben der Moderne und Postmoderne wird das epochale Ende nicht mitbedacht, werden der Verfall und der Tod überspielt. Entsprechend prägend sind die Muster der Verdrängung, individuell und kollektiv. Diese Verdrängung ist zu einem mächtigen kollektiven Schatten geworden, was etwa dazu führt, dass wir uns ökologisch so verhalten, als wären wir unsterblich und unsere Nachkommen nicht vorhanden. So wird das ganze Lebensnetz gestört, wird oft künstlich verlängert, was abgelaufen ist, wird die Kraft entzogen, die dem Neuen, das kommen will, fehlt. Wer den

138

Tod nicht auch als Lebensbewahrer sieht, kann das Leben nie verstehen.

Auch das Verständnis des Todes als finalem Unheil wuchs mit der Herausbildung des Individualismus. Das Heraustrennen einer Lebensexistenz aus dem Netzwerk des universellen Seins gibt dem einzelnen Leben in der subjektiven Empfindung eine absolute Bedeutung. Der Tod steht für das definitive Ende. Allenfalls bleibt die Hoffnung auf ein Fortleben nach dem Tode. Doch dieses ist wiederum auch nur individualistisch gedacht. Erst mit dem Wandel vom Ich-Bewusstsein zu einem Bewusstsein universaler Verbundenheit kann das Verständnis vom Tod dieser grotesken Verkürzung entrinnen. Nun steht der Tod als Ende einer Wegstrecke, nicht aber des Weges selbst; er steht als Fortfall realer Grenzen und das Eintauchen in neue Seins- und Bewusstseinsströme. Er verbildlicht aber auch die nackte Notwendigkeit, Platz zu schaffen für neues personenhaftes Leben. Lernen, vom Ende einer Wegstrecke, vom Tode als Transformation her zu denken, befreit nicht nur ein Stück aus der fixierten und versklavten Zeit; es entfesselt auch die lächerliche Parodie von Ewigkeit, die sich in den Phänomenen der Zeitlichkeit erschöpft.

Die Wegstation des Todes stellt jeden Augenblick des Lebens in ein besonderes Licht und konfrontiert ihn mit spezifischen Herausforderungen. Der Tod lehrt aber auch, konsequent den Abschied auf nahezu alles hin zu leben, ja ihm, wie Rilke es formuliert hat, immer voran zu sein. Dann kann die bewusste Vorwegnahme dem Abschied das Bittere und Zwingende nehmen und ihn gar zu etwas Befreiendem machen, wenn er eintritt.

Das Leben bei allem Genuss des Moments auch als Abschied zu leben nimmt der Welt viel an Macht über den Menschen. Er tritt in Distanz, ohne an Intensität zu verlieren, ja, gewinnt sie doch eigentlich erst im Horizont eines jederzeit möglichen und wahrscheinlichen Verlustes. Dazu gehört die Haltung des Abstands sich selber gegenüber, den Gewohnheiten und Erwartungen, den Ängsten und Obsessionen. Im Zulassen des Ungewissen und in der immer wiederkehrenden und sich immer wieder neu und anders ausdrückenden Bereitschaft zur Selbstaufgabe und Selbsthingabe zeigt sich die jeden Tod überstrahlende Freiheit. Es ist dieses Zulassen, das den Menschen in die fortwährende Nähe zum göttlichen Bereich rückt und damit in ein Feld, das keinen Endpunkt kennt. Der aus dieser Nähe sich ergebende Drang und die in dieser Nähe wach gehaltene Sehnsucht nach dem Unbedingten und Absoluten sind selbst absolut. Sie können nicht verlöschen wie ein kleines Glück.

Im Abschied zu leben, das Sterben zuzulassen und dem Tod als Weggefährten zu begegnen meint nicht, der Welt und den sie bewohnenden Wesen gleichgültig gegenüberzutreten. Abschiede, und schon gar, wenn es sich um das körperliche Sterben geliebter Menschen handelt, können von der Bewältigung in der Trauer nicht getrennt gesehen werden. Trauer wartet als das Gegenüber einer jeden Bindung, gehört zur Wahrscheinlichkeit einer jeden Liebe. Sie steht als Preis dafür, lieben zu können und zu dürfen, und wir sind sie dem Gehenden und Gegangenen schuldig. Genau wie uns selbst.

Die Trauer bedarf keiner festen Zeiten und sie bedarf keiner festen Orte, auch wenn beides wichtige Stützen im

Alltag sein können. Doch in erster Linie zeigt sich in der Trauer eine innere Haltung dem Abschied gegenüber. Der Tod und die Trauer stehen als letzte Bastionen der Freiheit im Diesseits und als Tore in den Raum des Unsterblichen.

Der chinesische Fluch

Mit den äußeren Sinnen können wir dem Lärm und der Unruhe der Welt nicht entkommen. Die Konzerte der Motoren von Autos, Motorrädern, Flugzeugen, Baumaschinen sind in wechselnder Besetzung ebenso dauerpräsent wie die Töne der Bewusstseinsmaschinen, mit denen wir uns verschmolzen haben: Computer, Fernsehen, Radio. Du betrittst den Warteraum einer Arztpraxis und wirst mit Dudelfunk umhüllt. Töne begleiten dich im Supermarkt und im Café. Im Auto quatscht dich permanent die Dame vom Navi an und im Wald überholt dich ein Mountainbiker mit Lautsprecherrucksack auf dem Rücken … Tritt wider Erwarten und fast schon verstörend etwas Stille ein, drängt der Griff zum Smartphone.

Doch auch Bilder belagern unser Bewusstsein und halten es in Beschlag. Gedanken, Sorgen, Ängste, Emotionen fassen uns an und halten Geist und Seele in Spannung. Was uns wo und wie auch immer begegnet und wo und wie auch immer berührt, führt zudem in kontinuierliche Prozesse der Unterscheidung. Ihnen folgen Urteile. Evolutionär betrachtet, war und ist dies wichtig. Differenz und Unterscheidung gehen jeglicher Entwicklung und auch Entfaltung voraus. Zugleich aber blockiert uns das in einer extern bestimmten Energie und liefert uns ihr sehr weitgehend aus. Und so gehört die Entfremdung, ja Abkappung von der eigenen Potenzialität und Tiefe durchaus mit zu diesem Prozess. Das gilt nicht nur für den einzelnen Menschen. Es hat Bedeutung auch für ganze Kulturen, die sich im großen „Lärm" verlieren.

Mit den inneren Sinnen vermögen wir ein Korrektiv zu schaffen. Ich spreche vom inneren Raum, über den jeder Mensch verfügt, auch wenn nur wenige ihn finden, ja überhaupt etwas von ihm wissen, oder besser: spüren. Der innere Raum ist der einzige „Ort" in unserer irdischen Existenz, den nur wir selber betreten können. Eigentlich ist er ein Nicht-Ort, nicht-lokal, a-rational und zeitfrei. Etwas Übung, Hartnäckigkeit und Konsequenz vorausgesetzt, finden wir dort jene Stille, die mehr ist als das vorübergehende Verstummen der Worte, der Gedanken und des Lärms. Und wir erhalten eine Ahnung, ja eine sanfte Berührung aus dem Resonanzraum hinter der vordergründigen Stille. Hier liegt unsere eigentliche Heimat, die schon bestand, bevor wir als Mensch die Erde betraten und die nicht verloren geht, wenn wir wieder gehen.

Ein Leben in Tiefe erfordert die Wechselbewegung zwischen der „Welt" und dem inneren Universum. Die Alten nannten das die Pendelbewegung zwischen Kampf und Kontemplation. Es lohnt, sich in diese Bewegung einzuschwingen;

damit sich nicht ein alter und zugleich der schrecklichste chinesische Fluch in uns erfüllt: „Möge immer etwas Interessantes um dich herum sein …"

142

Die schönen Kräfte

Die Schönheit kann uns retten …

Egal, wo wir hinschauen – die Schönheit kann uns immer da bewahren, wo wir drohen, uns aufzugeben und uns zu verlieren. Die Ästhetik hat die Größe und Kraft, das uns Mindernde zu überstrahlen und uns ins Licht zu ziehen!

Das Ästhetische und die Weise seiner Wahrnehmung als Schönheit haben eine über die Zeiten und über alle Abgründe hinweg strahlende Gestaltungskraft. Auf ihre Weise sind sie in einem tiefen Sinne wahr. Wir begegnen hier einer jener seltenen Wahrheiten, denen wir uns ohne zu zweifeln stellen können. Sie erinnert uns gerade in der heutigen Zeit, in der dunkle Ahnungen und Gewissheiten sich verbreiten. Ich meine die ahnende Gewissheit, dass die menschliche Geschichte ein baldiges Ende haben könnte oder zumindest tiefste Brüche erlebt. Sie erinnert uns an das Größere, das in jedem Menschen und durch jeden Menschen zur Vollendung ruft: die Ästhetik des Schöpferischen selbst. Die Antwort, die wir hier finden, führt in die Zustimmung zum großen Entwurf der Schöpfung, zur Dynamik von Entwicklung, Werden und Vergehen. Was auch geschehe, was uns auch begegne, die Übereinstimmung mit dem Lauf der Gestirne, dem Zauber einer Rose, dem Anmut einer Gazelle, der Harmonie einer Symphonie und dem unschuldigen Lächeln eines kleinen Kindes – sie können dadurch nicht in Frage gestellt werden.

In der Kunst hat der empfindsame Mensch eine Weise gefunden, das zu spiegeln, was die in Natur und Kosmos liegende Wahrheit als Schönheit ausmacht. So dringt er zu den Ursprungsbildern des Seins und Werdens vor.

Er verhilft ihnen mit eigener Fertigkeit zu einem eigenen Ausdruck in einer eigenen Sprache. Zu Recht wurde die Kunst in manchen Traditionen der Geistesgeschichte als die Modellierung der sichtbaren und unsichtbaren Wesenhaftigkeit, der sichtbaren und unsichtbaren Impulse des Werdens angesehen. Sie erinnert damit jenseits von allem, was greifbar ist, auch an die Existenz und an die Wahrheit des Numinosen, des Geheimnisvollen, des Heiligen. Und sie ist dem Menschen Halt und Hilfe bei dessen Betrachtung. Somit gibt sie bei aller Individualität des Ausdrucks und aller damit verbundenen Subjektivität des Blicks gleichwohl dem Überindividuellen und Überzeitlichen Raum. In der Vielfalt ihrer Ausdrucksweisen ahmt sie das Universum nach und fügt ihm Neues hinzu. Kunstwerke in diesem Sinne erweitern den menschlichen Erkenntnisraum – und zwar sowohl im Prozess ihrer Erschaffung als auch dem ihrer Rezeption und Wahrnehmung.

Kunst gibt somit Zeugnis von dem, was Menschen an schöpferischer Erkenntnis hervorbringen können. Was sie in Jahrtausenden geschaffen haben – in ihrer Art und Weise zu malen, zu formen, sich zu bewegen, sich Ausdruck zu geben, zu singen und Klänge zu generieren – ist bei aller jederzeit mitschwingenden Vorläufigkeit doch auch der Ausdruck einer Gestalt annehmenden Sehnsucht nach Vollendung. Der Absurdität unseres Seins, wie Albert Camus sie konstatiert, stellen der schöpferische Prozess und das Kunstwerk die Ästhetik und die Suche nach Schönheit gegenüber. An ihren Kategorien kann die Welt sich messen und sich selbst beobachten und in der Folge vielleicht sogar ein wenig besser verstehen. Die Kategorien des Künstlerischen sind Elemente eines schöpferischen Kosmos. Im Menschen reifen sie zu einer eigenen Erhabenheit und Vollkommenheit. Sie verweisen auf Schönheit und Ästhetik des Seins an sich. Der Kosmos – das ist Schönheit an sich … Der Mensch in seinem Vollendungsdrang – ist Schönheit in nicht endender Entwicklung.

Schönheit und Ästhetik der Schöpfung haben einen ultimativen Eigenwert. In ihnen, nicht in Gleichförmigkeit und Wüste soll sich dieser Planet entwickeln. „Gott ist schön und liebt die Schönheit", wie es ein sufisches Lied besingt.

Doch es geht noch um mehr. Im Prozess der Wahrnehmung des Künstlerischen erweisen sich die Aussagen des Kunstwerks oft nicht nur in einer größeren Vielfältigkeit als die Sprache. Ihnen scheint es möglich, die auf der Erde herrschende babylonische Sprachverwirrung zu überwinden. Deshalb kann Kunst durch ihre Ausdrucksweisen auch die Grenzen überspringen, die eine verwissenschaftlichte und rationalisierte Welt und die ihr zugeordneten Sprachen sich setzen. In einem blitzhaften Moment kontemplativer Schau und intuitiver Einsicht verhilft die Kunst zu einem Erkennen, das sonst kaum zu erlangen ist. Sie erreicht die Seele noch da, wo andere Zugangsweisen unzureichend sind. Die Bewunderung und das Staunen, das sie hervorzaubert, reichen schon, um auf das Wesentliche unausgesprochen zu verweisen. Kunst will zeigen, Ausdruck geben, die Wahrnehmung provozieren. Sie schürt und stärkt die Vorstellungskraft. Durch eine nüchterne Realität hindurch eröffnen sich nun Einblicke, wie Welt sein könnte.

Der künstlerische und ästhetische Prozess legt über das

Absurde im Dasein einen Schleier der Schönheit. Er lindert das Entsetzen. Zugleich demaskiert er die Verschleierungen einer Wirklichkeit, die den Zugang zum Möglichen verdeckt. So hilft die Kunst nicht nur, mit der Wirklichkeit fertig zu werden, sie schlägt auch Löcher in den Beton der Beharrung, durch die das Licht eines besseren Morgens scheint. Dass sie dabei immer wieder scheitert und ob des Geheimnisvollen, das sie immer birgt, in kühlem Unverständnis ignoriert wird, mindert diesen Beitrag nicht. Im Gegenteil! Gerade das Scheitern in der Zeit bewahrt Kunst davor, als geronnene Idee domestiziert, banalisiert und verharmlost zu werden. Es schützt ihre Wildheit.

Aufstieg aus der Ohnmacht

Nicht nur bezogen auf den Zustand unserer Erde, sondern auch in unserem ganz alltäglichen So-Sein begegnen wir immer wieder existenziellen Erfahrungen: Kraftlosigkeit, Unvermögen, das Bewusstsein, an Grenzen geworfen sein, Ohnmacht. Sie stoßen uns unbarmherzig auf die Tatsache, dass es an dem Punkt, an dem wir angelangt sind, nicht weitergeht; nicht mit den bekannten Mitteln, nicht auf den vertrauten Wegen. Doch wäre es nur das. Oft heißt Ohnmacht auch, Willkür ausgeliefert zu sein, der anderer Menschen und der deutungsleerer Situationen und Ereignisse. Naturkatastrophen, die wahllos Menschenopfer fordern, gehören zu diesen Ereignissen, genau wie Unglücke und manche Verbrechen, in denen es keine konkrete Opfer-Täter-Geschichte gibt. Wir können ihnen allenfalls einen konstruierten *Sinn* beimessen. Als Zufallsdesaster aber überrollen sie jede Berechenbarkeit, jede Planung, jeden perspektivischen Horizont. Nackter Hilflosigkeit ist ausgeliefert, wer die übermächtige Gewalt anderer Menschen erleiden muss. Ihm widerfährt etwas ohne Chance der Reaktion. Jede nachträgliche Sinnzuweisung wird dann nicht mehr als eine zitternde Geste der Hilflosigkeit. Und es schmeckt nur noch bitter, wenn Sinnzuweisungen dort probiert werden, wo der Faktor Sinn selbst ausgerottet wurde – wie bei den unzähligen Genoziden der Menschheitsgeschichte und der Vernichtung der Arten im Garten der Evolution.

Bezogen auf das, was wir Ohnmacht nennen, ist es deshalb angemessen, diese verschiedenen Ebenen zu unterscheiden. Von dem, was aus dem Dunkel heraus gewalthaft übermächtig sich ereignet und für alle Betroffenen im Dunkel des Verstehens verbleibt und zutiefst verstört, sollten wir statt von Ohnmacht von *Verhängnis* zu sprechen. Einem Verhängnis kann ich aus eigener Kraft nicht entkommen. Ohnmacht als Grenzerfahrung hält demgegenüber Optionen der Entwicklung von Situation und Person. In jeder Ohnmacht ruht potenziell ihr Gegenteil, der Neuentwurf, der in die Gestaltung führt.

Die Ohnmacht, genau wie das Scheitern, konfrontieren den Menschen mit seinen Grenzen. Gerade dadurch lassen sie ihn jene Tiefe des Seins erkennen und spüren, die über jede Begrenzung hinausweist. Und erst dadurch wird es möglich, sich angemessen in das Sein zu entfalten und es zu gestalten. Jede Konfrontation mit der Ohnmacht ist somit zugleich ein Zeichen für das Mögliche. Es ist der innere Appell zu wachsen. Erkunde die Bedingungen der Ohnmacht und lote sie aus. Stelle die alten Ziele, die alten Wege und die alten Blickweisen auf Probleme in Frage. Dann scheinen durch das, was blockiert, die neuen Perspektiven durch.

Das Zugeständnis der Schwachheit und der Ohnmacht, in Verbindung mit dem Drang, beides in seinen Gründen wirklich zu verstehen, wird zur vielleicht entscheidenden Selbstfindung. Wir kommen bei uns an und lernen in jenen Kräften zu ruhen, die uns eigen sind. Dann entdecken wir, dass diese Kräfte nicht vereinzelt, sondern Teil eines unendlichen Kraftstromes sind, der jedes Leben umgibt und trägt. Dessen bin ich teilhaftig, daraus ziehe ich meine ganz persönliche Lebensenergie. In dieses immer schon Vorhandene kann ich nun neu und bewusst eintauchen. Vielleicht lerne ich dann sogar, manche der mir gegebenen und manchmal ja auch nur gegeben scheinenden Grenzen zu überwinden. Das ist die Dialektik der Ohnmacht. So bewahrheitet sich der zunächst paradox klingende Satz, dass je tiefer der Mensch in Ohnmacht versetzt ist, desto mehr sich sein eigentliches Wesen enthüllt und desto klarer seine Größe und Schönheit sichtbar werden.

Sich suchen – die Transzendenz der Liebe

Manche Schöpfungsmythen der Völker und Kulturen sehen drei Ausgangszustände der Menschwerdung: Einheit, Spaltung und neue Vereinigung.

In seinem „Symposion" (Gastmahl) beschreibt Platon die Urmenschen als von kugelförmiger Gestalt mit vier Armen und vier Beinen, zwei Gesichtern und zwei Ge-

150

schlechtsteilen. Kräftig und voller Macht bedrohten sie schließlich die Götter selbst. Zur Strafe durchtrennte Zeus die Geschöpfe in zwei Hälften, und jeder Teil war von nun an getrieben, sein Gegenstück zu umschlingen und neu mit ihm zu verwachsen.

Von der androgynen Gestalt, die ihr Wesen in zwei Teile zerschnitt, um der Einsamkeit zu entgehen, künden die Upanischaden. Und der altpersische Mythos von den Zwillingen Mashya und Mashyoi erzählt, wie beide aufwuchsen – einem Baume gleich ineinander verflochten. In menschliche Gestalten verwandelt, suchten sich ihre Seelen, und die Körper vereinigten sich, um den Menschen hervorzubringen.

Trennung steht hiernach vor dem Beginn der Sehnsucht. Anders geworden zu sein, erschuf die Bedingung zum Einswerden. Heimweh erwächst aus der unbewussten Erinnerung an das Ideal der Ganzheit in Vollkommenheit. Unsere Seele spürt, dass ihre zweite Hälfte mit ihr und für sie geschaffen wurde. Es ruft, was einst am Anfang stand, und es führt in den Heimwehschmerz – die Nostalgie (nostos = Heimkehr; algos = Schmerz).

Sich nach dem Ganzen zu sehnen, heißt Einsamkeit zu erfahren. Erst vor dem Bild der Vereinigung und des Einsseins erkennen wir unsere Grenzen als Person. Erst die Liebe, die mehr ist als bloßer Sammlungs-, Haben- und Verschlingungstrieb konfrontiert den Menschen mit seiner Unvollkommenheit in der Getrenntheit. Das macht, so paradox es klingt, die erste Liebe auch zu etwas so Herausragendem. Ihr verdanken wir jenseits der Eltern-Kind-Beziehung die Schlüsselerfahrung wirklichen Alleinseins.

In einem Brief schrieb Rainer Maria Rilke im Jahr 1904:

„Ich glaube, daß jene Liebe so stark und mächtig in Ihrer Erinnerung bleibt, weil Sie Ihr erstes Alleinsein war und die erste innere Arbeit, die Sie an Ihrem Leben getan haben."

Im Anblick von Frau und Mann stehen wir vor der Erscheinung des geteilten Mensch-Seins und vor der Zumutung, dass eine halbe Seele zum Leben nicht zu genügen scheint. In der sich anziehenden Polarität der Geschlechter begegnen wir der Sehnsucht nach Vervollkommnung. Wir streben nach der Erlösung, die uns vor dem Fall in die Individualität bewahren will und die zugleich den selbstzerstörerischen Überschuss an Eigenliebe absorbiert. Keine Vollkommenheit entsteht in der Isolation, kein wahres Schönes erblüht ohne Begegnung und Berührung – wie auch immer sie sich ereignen mag. Keine Erlösung aus unserer Endlichkeit und Vergänglichkeit geschieht ohne Verschmelzung. Man kann dies allein auf die Geschlechterliebe bezogen sehen, doch in deren Hintergrund öffnet sich eine kosmische Tiefe und führt das Liebessehnen letztlich in eine transzendente, zutiefst spirituelle Erfahrung. Wir überschreiten unsere Körpergrenzen und die Koordinaten des Selbst, strecken uns nach letzter Einheit im zerrissenen und auseinanderstrebenden Universum. In jeder Sehnsucht nach dem menschlichen Du, im Heimweh nach seelischer und körperlicher Einswerdung scheint dasselbe Heimweh durch, das sich im Blick zu den Sternen ausdrückt.

Entwicklung und Schönheit

Der Mensch ist das Ergebnis der Verbundenheit mit dem Leben an sich in all seiner Vielfalt. Wir können ihn sehen als eine Art Essenz aus dieser unglaublichen Komplexität voller Überraschungen und voller Schönheit. Vielleicht will der Wunderregen der Schöpfung und Evolution sich ja im und durch den menschlichen Geist selbst erkennen – und zwar in der ganzen Bandbreite der Seinsmöglichkeiten und ihrer Wesenhaftigkeit. Dazu gehört dann allerdings auch, dass sich in uns eine Essenz des bewussten Bösen, das Pflanzen und Tiere nicht kennen, zeigt bzw. zeigen kann. Wenn wir einen Moment der These vertrauen, dass der Mensch ein Spiegelbild des Absoluten ist, der immanente Ausdruck des Transzendenten bzw. die zeitliche Erscheinung des Ewigen, dann ruht in unserer Gattung und im einzelnen Menschen ein gigantisches Entwicklungspotenzial – prinzipiell und potenziell in alle Richtungen.

Auf dieser Grundlage trägt trotz aller Verbundenheit im allgemeinen Feld des Lebens und in dem unserer Gattung im Besonderen jeder Mensch einen personalen Wesenskern mit seinen spezifischen Möglichkeiten, seinen besonderen Anforderungen und seinem je eigenen Schicksal. Entwicklung, Verwandlung und Erfahrungstiefe können unter diesen Bedingungen nur entstehen, wenn ich meinem schicksalhaften Eigensein, inklusive allen Scheiterns, aller Umstürze und Untergänge ins Gesicht sehe und die Treue halte. Ich spreche allerdings von keiner statischen, von keiner Nibelungentreue. Vielmehr schließt die Treue zu meinem So-Sein jene zur Wandlung mit ein.

Der Blick auf das Leben ist ein anderer geworden, wenn ich die Notwendigkeit zur evolutionären Veränderung auch bei mir selbst bedingungslos akzeptiert habe. Verhältnisse rücken sich dann zurecht. Alltägliche Belanglosigkeiten, Anhaftungen, Drangsale und viele vorgebliche Dringlichkeiten lösen sich zwar nicht auf, aber sie berühren nicht mehr den innersten Kern. Bei aller persönlichen Herausforderung verbindet sich deshalb der Prozess der Verwandlung vor allem mit dem Gefühl der Freude. Als tiefe Lebensfreude entsteht sie, wenn das Sein sich in der Erfüllung bewährt, die jeder Augenblick bewusster Ausrichtung auf die Möglichkeiten des Werdens enthält.

Freude ist ein Zustand, der sich nicht an alltägliche Glücksmomente, die dem Menschen zufallen, bindet. Diese sind vergänglich. Freude erschöpft sich auch nicht in Zufriedenheit, die aus bewältigten Ansprüchen von anderen Menschen oder von Systemerfordernissen resultiert. In der hier gemeinten Freude spiegeln sich vielmehr Schönheit und Ästhetik des Werdens als tragende Wesensmerkmale der Schöpfung. Als Glanz der Wahrheit hat Platon die Schönheit umschrieben. Sie macht den tiefen Wesenskern des Seins aus, verweist auf das Göttliche. Wenn sie den Menschen berührt, ruft sie immer dann jene tiefe Freude hervor, wo die Augen für die Wunder des Lebens geöffnet sind. Deshalb ist es so bedeutsam, dass unabhängig davon, womit uns das Leben konfrontiert, die Wahrnehmung für das Schöne und Erhabene, das in jeder Blume am Wegesrand zum Ausdruck kommt, nicht dauerhaft getrübt wird. Geht die Lebensfreude verloren, geht auch jede Unschuld verloren und blockiert jede Entwicklung, stagniert jeder

Prozess. Deshalb auch bedarf die Freude der Zuwendung und der Pflege. Es mag sein, dass das Schicksal sie gelegentlich zurückdrängt oder für eine Zeitspanne verdunkelt. Dann allerdings möchte sie wieder gesucht und freigelegt sein. Mit sich ernstzumachen und sich würdig zu erweisen, bewusstes und gestaltendes Leben zu sein, kann in diesem Sinne als das freudige Geschehen im Leben schlechthin gesehen werden.

Handlung und Schönheit

Da gibt es Handlungen oder Worte, die uns schon in dem Moment als defizitär oder ungut bewusst werden, in dem wir gerade dabei sind, sie auszuführen. Dann allerdings ist das Getane noch nicht zu Ende. Es verfolgt uns, etwas ruft nach Verbesserung und Korrektur, das Gewissen fährt seine Stacheln aus. Für eine Weile leben wir in innerer Dissonanz. Und dieser Zustand bleibt, wenn auch mit abnehmender Intensität, im schlimmsten Fall ein Leben lang. In der Musik als Töne, die auseinanderklingen und nicht miteinander harmonieren, ein unverzichtbares Stilmittel, wirkt eine uns bewusste Dissonanz in der Psyche im günstigen Fall als unmittelbarer geistiger und moralischer Entwicklungsanreiz. Normalerweise zeigt sie sich jedoch solange als zehrende Energie, bis wir uns wieder in ein inneres Gleichgewicht gebracht haben. Das setzt zunächst Erkennen und Einsicht voraus. Dann können Kompensation, ehrliche Reue oder Vergebung (auch sich selbst gegenüber) geschehen. Verdrängen schiebt demgegenüber nur auf, bis sich das ins Unterbewusste Verlagerte durch einen vielleicht ganz nichtigen Anlass wieder schmerzlich rührt.

Verstehen wir mit *Albert Schweitzer* als ungut, was Leben schädigt, vernichtet, an seiner Entfaltung hindert, dann fehlt einer entsprechenden Handlung die Harmonie mit dem Lebensstrom und damit auch die Anmut in der Ausführung. Zudem schwäche ich die Instanz, die mit *Immanuel Kant* „das moralische Gesetz in mir" genannt werden kann.

Handlung und die Psyche des Handelnden sehnen sich nach Harmonie, nach Zusammenklang von Sollen, Wollen und Vollendung. Dann können wir ihr auch Schönheit zugestehen. Und diese zu erreichen, ist der grundlegende Impuls des Seins. Alles Tun und Wirken ist dazu gerufen, eine Widerspiegelung der im Kosmos sich zeigenden Schönheit zu werden. Oder wie es im Islam heißt: „Gott ist schön und liebt die Schönheit."

An dieser Stelle erinnern wir uns an das Verständnis von Schönheit und Anmut, wie es *Friedrich Schiller* in seiner Auseinandersetzung mit den berühmten Kritiken Kants formulierte. Danach geht es darum, Neigung und Pflicht, Sinnlichkeit und Vernunft in Harmonie zu verbinden. Die Ästhetik zeigt der Seele den Weg dorthin und führt sie zu der Anmut, die es dann möglich macht, von einer *schönen Seele* zu sprechen.

„Eine schöne Seele nennt man es, wenn sich das sittliche Gefühl aller Empfindungen des Menschen endlich bis zu dem Grade bemächtigt hat, dass es dem Affekt die Leitung seines Willens ohne Scheu überlassen darf und nie Gefahr

läuft, mit den Entscheidungen desselben im Widerspruch zu stehen. Daher sind bei einer schönen Seele die einzelnen Handlungen nicht sittlich, sondern der ganze Charakter ist es."[9]

Dieser letzte Punkt nun, der Verweis auf den gesamten Charakter, scheint entscheidend. Schönheit und die Anmut, welche sich in der Ausführung des Tuns zeigen, sind Ausdruck einer inneren Harmonie der Seele. Darum geht das lebenslange Ringen, das Stimmig-Sein mit sich selbst als Teil und Spiegel der kosmischen Ästhetik. Da jedes Wesen einen anderen Ausdruck der unendlichen Vielfalt des kosmischen Reigens repräsentiert, wird sich die Harmonie mit der Seele auch immer in unterschiedlichen Schwingungen empfinden lassen und entsprechend sichtbar werden. Ruhen in der Kraft der Stille oder sich selbst begegnen im wilden Tanz des Universums muss dann kein Widerspruch sein. Die schöne Seele und der schöne Charakter sollten nicht mit blutleerer Harmlosigkeit verwechselt werden.

Worin gibt sich nun eine schöne Seele im Außen zu erkennen?

Es ist ihre Weise, mit Anmut dem Leben zu dienen. Das Leben selbst wird zum Lobpreis und Gebet.

Elementare Befindlichkeit

Wenn wir versuchen, unseren unheilvollen Egoismus hinter uns zu lassen, begegnen wir der Liebe neu. Sie ermutigt, den Ich-Panzer abzustreifen. Sie möchte stattdessen den

Reichtum zeigen, der im Gefühl wahrhafter Verbundenheit wartet.

Liebe will finden, will verschmelzen. Das betrifft sowohl die zwischen zwei Menschen als auch die, die sich auf das Leben schlechthin richtet. Sie sagt Ja. In der Liebe tritt das große und universale Gesetz der Resonanz ins Leben. Denn das bewusste Leben findet sich nur durch Begegnung. Liebe führt zusammen. Sie rettet uns. Es ist ihr Licht, das in die letzten Abgründe des Scheiterns und der Ohnmacht leuchtet. In ihr darfst du dich zeigen wie du bist, deine Schwachheit inbegriffen. So können wir sie als die wahre Fülle unserer Existenz betrachten.

Liebe ist kein bloßer Denkvorgang, keine reine Sache des Kopfes; sie ist elementare Befindlichkeit. So berührt sie die Seele und legt unbekannte Kräfte frei. Zugleich hält sie verwundbar. In der Liebe leben heißt, sich verletzbar zu halten. Vielleicht können deshalb so wenige Menschen wirklich lieben. Denn sie geht nicht ohne die Bereitschaft zur Hingabe, die sie aus allen anderen Eigenschaften und Regungen des Menschen hervorhebt. Sie gibt, weil sie geben will, weil sie das andere Leben unbedingt achtet, es nimmt, wie es ist. Wer aus der Tiefe seines Herzens liebt, befreit sich aus der Enge des Ich.

Das Ideal der Liebe kann von dem Ideal der Selbstvergessenheit und der Selbsthingabe somit nicht getrennt werden. Aber es gilt eben auch, dass wahrhaftige und unbedingte Liebe zum Du zunächst der Annahme der eigenen Existenz, des Selbst, bedarf. Radikalisiert besteht dieser Zusammenhang für all jene Begegnungen, in denen ein Ich ein Du als seine „Zwillingsseele" erkannt hat, nach der wir manchmal ein Leben lang und über so manche Zwischenstationen suchen.

Liebe fragt nicht nach Gegenleistung, sie fordert nicht und erstickt sich nicht in Erwartungen. Sie versagt sich die Kontrolle des Du. Eifersucht ist ihr fremd. Sie bewahrt den Liebenden ihre Autonomie. Sie will also nicht haben und nicht brauchen. Das unterscheidet sie von der Sucht danach, anderes Leben ganz auf sich zu beziehen oder es gar besitzen zu wollen und damit doch lediglich für seine eigenen Bedürfnisse zu gebrauchen – oder besser: zu missbrauchen. Die nicht vereinnahmende Liebe sieht mit den Augen des Herzens. Das ist es, was sie aus dem Nichts der unentrinnbaren Vergänglichkeit holt. Mit dem Anspruch des Unvergänglichen, mit der Gewissheit des *Über-den-Tod-Hinaus*, die aus der Erfahrung der Verbundenheit, ja des Einsseins erwuchs, stellt sie sich dem Vergehenden entgegen. So führt die Liebe auf ihre Weise an ewige Wahrheiten heran.

Liebe, das meint hier das Ineinandergehen von Philia, Eros und Agape. Die Grundsubstanz dieser Liebe ist eigentlich immer da, sie durchströmt als schöpferische Energie die geistigen Felder unseres Planeten. Albert Schweitzer bezeichnete sie als den geistigen Lichtstrahl, „der aus der Unendlichkeit zu uns gelangt". Das Leben an sich strebt zu dieser Liebe als letztem Wort. Das müssen wir lernen zu verstehen, auch wenn wir in der wachsenden Beziehung von Ich und Du die höchste Erfüllung erfahren. So dient die Liebe zwischen den Geschlechtern, wenn wir sie in ihrer Tiefe verstehen, der Liebe zum Leben an sich. Ohne diese werden wir in der Spaltung mit dem Leben bleiben.

Glückseligkeit und Zustimmung zur Welt

Auch die kleinen Glücksmomente, die sich etwa aus dem Stillen leiblicher Bedürfnisse, einer Begegnung oder auch einem Denkerfolg ergeben mögen, weisen in ihrem Ursprungsimpuls auf ein im Tiefsten Ersehntes hin. Es ist das, was wir *nicht* zu wollen nicht in der Lage sind. Denn die Sehnsucht nach Glückseligkeit ruht durch das Herz hindurch im Wesensgrund des Menschen, mag sie gelegentlich auch verschüttet sein im Drang nach Dingen und flüchtiger Befriedigung.

Was nun aber meint Wesensgrund? Und was verbindet darauf bezogen alle Menschen in ihrer Unterschiedlichkeit?

Vielleicht läuft es hinaus auf jenes stimmig sein mit sich selbst, jenes tiefe Ruhen in mir und die Empfindung des Einsseins mit dem Ganzen, ohne dass da noch quälende Fragen lauern.

Dorthin zu gelangen, auch wenn es als prinzipielle Möglichkeit ja immer schon da ist, fällt uns im Treiben der Welt jedoch nicht so einfach zu. Denn dass der Lebensweg in jene Verbundenheitserfahrung führt, kann zwar durchaus ein unerwartetes und unvorbereitetes Geschenk des Schicksals sein. Doch normalerweise hat das Voraussetzungen. Die Bereitschaft, aus den Kreisbewegungen und Endlosschleifen an Wiederholungen herauszutreten, in denen Leben sich zumeist abspielt, wäre hier zu nennen. Dazu gehört allerdings auch, jene Ansprüche fallen zu lassen, die permanent ein Defizit in unserer Existenz signalisieren.

Glückseligkeit, wenn sie sich im Menschen ausbreitet, führt selten zu einem dauerhaften Zustand. Sie zeigt sich eher als Momenterfahrung, die bald schon wieder hinter Alltagsfragen zurücktritt. Allerdings sind nun diese Alltagserfahrungen von einem Empfinden her beleuchtet, das neue Maßstäbe zu setzen vermag. Wer einmal das Getragensein im Einssein erfuhr, im vertrauenden Blick von sich weg auf das Größere, weiß um das Land hinter der Sorge und der Bedenken, die das Leben so gerne eintrüben.

Was aber zeichnet den Blick aus, dem das Größere sich offenbart bzw. durch den es uns gewahr wird? Wobei „Blick" es eigentlich nicht trifft. Es ist ja eher ein Erkennen als Prozess, dem die Sehnsucht danach, erkennen zu wollen, zugrunde liegt.

Erkennen können wir auf unterschiedliche Weisen, je nachdem, worauf sich unser Interesse richtet. Die Bandbreite reicht vom reinen Intellekt über die Gefühle, die Intuition und die Weisheit bis hin zur kontemplativen Schau. Und diese ist es, um die es bei der Glückseligkeit geht. Das äußere Sehen und rationale Erkennen verhält sich zu dem, was wir das Schauen nennen, wie die chronologische Zeit zur Ewigkeit. Der kontemplative Akt an sich, dieses Einswerden mit unserem größeren Selbst und die entsprechende innere Erfahrung sind dabei das Gesuchte, machen die Glückseligkeit aus. Glück und Erkennen des Glücks fallen so in eins. Sie sind nicht voneinander zu trennen. Sie heben für einen Moment aus der unerbittlich dahineilenden äußeren Zeit, setzen die Taktung außer Kraft, verbinden mit dem Sein an sich.

Glücksempfinden wird aus Muße, Ruhe und Stille geboren. Unruhe, Hast und Sorge wirken blockierend. In Muße, Ruhe und Stille kann ich mich wiederum nur bewegen, wenn ich die äußere Welt nicht als einen Feind betrachte, dem es zu entkommen gilt. Flucht führt weder in Glückseligkeit, noch in eine kontemplative Haltung. Vielmehr ruhen beide auf einer grundlegenden Zustimmung zur Welt – bei aller selbstredend immer gegebenen Notwendigkeit und Freiheit zu Veränderungen. Wie Josef Pieper schreibt: „Diese Zustimmung hat mit *Optimismus* nicht viel zu tun. Sie kann unter Tränen und noch inmitten äußerster Schrecknis geleistet werden."

Die Zustimmung zur Welt mit all ihren Paradoxien, Widernissen und Verhängnissen geht somit der kontemplativen Schau und der als Glückseligkeit bezeichneten Empfindung universaler Verbundenheit voraus. Das gibt uns einen Hinweis darauf, dass Glückseligkeit nicht in eine Parallelwelt führen will. Sie integriert, was ist. Sie verdrängt nicht. Sie verbleibt aber auch nicht im Unerlösten, sondern sie überschreitet es.

Wohin?

In das, was jederzeit möglich ist, weil wir, wenn auch zumeist unbemerkt und unerkannt, seit je inmitten leben.

Heilsame Resignation

In dem immer wieder vergeblichen Anrennen gegen das, was ich ändern möchte; in der gefühlten Ausweglosigkeit einer Situation und ihrer Unabänderlichkeit; wenn wir keine Einflussmöglichkeiten mehr sehen; wenn unsere Kraft und Energie und mit ihnen die Zuversicht schwindet; wenn wir schließlich aufgeben, die Segel streichen; dann, so heißt es, haben wir resigniert. Was uns einst bewegte und führte ist geschwunden. Pläne sind zerrissen, Erwartungen enttäuscht und darauf bezogene Hoffnung zerstoben.

Wer resigniert, hat verloren, ist zumindest sehr geschwächt. Er musste sich Verhältnissen beugen, die stärker sind. Der Schatten, der immer zwischen die Idee und die Wirklichkeit fällt, hat den Antrieb zur Veränderung überdeckt. Jetzt haftet ein Makel an dir. Es ist der Makel unmissverständlich aufgezeigter Grenzen.

So ließe sich wohl der landläufige Blick auf das charakterisieren, was wir Resignation nennen. Doch hinter dieser oft so ernüchternden Begegnung mit dem Leben wartet – wenn wir unser Bewusstsein dafür offen halten – eine ungleich tiefere, ja existenzielle Erfahrung und Einsicht. Albert Schweitzer geht auf sie in ‚Aus meinem Leben und Denken‘[10] ein:

> *„Wahre Resignation besteht darin, daß der Mensch in seinem Unterworfensein unter das Weltgeschehen zur innerlichen Freiheit von den Schicksalen, die das Äußere seines Daseins ausmachen, hindurchdringt. Innerliche Freiheit will heißen, daß er die Kraft findet, mit allem Schweren in der Art fertig zu werden, daß er dadurch vertieft, verinnerlicht, geläutert, still und friedvoll wird. Resignation ist also die geistige und ethische Bejahung des eigenen Daseins. Nur der Mensch, der durch Resignation hindurchgegangen ist, ist der Weltbejahung fähig.“*

Das Leben selbst des großen Menschheitslehrers und Praktikers der Nächstenliebe, bewahrt uns davor, diese Sicht misszuverstehen als Absage an jede notwendige Veränderung. Ja, im Gegenteil. Solche Resignation und die damit verbundene Beruhigung und Besinnung führen in einen neuen Realitätssinn, was unsere wahren Möglichkeiten anbelangt.

Es geht um die erlittene und schließlich erlangte Freiheit von so manchen Schicksalswendungen des Lebens. Wir könnten gar davon sprechen, in ein Freisein von der Welt gehoben zu sein. Die Lebensanschauung läutert sich. Es wächst eine übergeordnete, ja transzendente Akzeptanz des Seins in seiner immer auch bleibenden Unergründlichkeit, ja Sinnferne. Wir lernen uns dem hinzugeben, ohne uns aufzugeben. Es wartet jene heilsame Passivität, die sich mit den mir gegebenen Möglichkeiten und Unmöglichkeiten bescheidet.

Resignation in diesem Sinne lässt durchatmen. Sie schenkt Erholung. Wenn du dann wieder aufstehst und dich streckst, wartet eine neue Freiheit; es ist die Freiheit, sich auf Anderes auszurichten – oder besser: sich auf anderes Leben hin zu öffnen und zu orientieren.

Stille Felder der Verbundenheit

„Nichts entzieht sich der Darstellung durch Worte so sehr, und nichts ist doch notwendiger, den Menschen vor Augen zu stellen, als gewisse Dinge, deren Existenz weder beweisbar noch wahrscheinlich ist, welche aber eben dadurch, dass fromme und gewissenhafte Menschen sie gewissermaßen als seiende Dinge behandeln, dem Sein und der

Möglichkeit des Geborenwerdens um einen Schritt näher geführt werden."
(Hermann Hesse lässt dies im Prolog zu „Das Glasperlenspiel" den fiktiven Scholastiker Albertus Secundus sagen.)

Nicht nur der Mystik, sondern auch wissenschaftlichen Einsichten, von der Biologie bis zur modernen Physik, verdanken wir die Gewissheit darum, dass es unbekannte und für uns normalerweise unsichtbare Räume und Dimensionen gibt. Wenn auch die Messbarkeit und das In-Augenschein-Nehmen fehlen, so lassen sie sich nicht nur erahnen, sondern in der Stille spüren. Vorausgesetzt, wir sind offen und bereit für entsprechende Wahrnehmungen.

Zu jenen Räumen gehören die Resonanzfelder des miteinander verbundenen Lebens. Derer sind wir im Sinne des Wortes *teilhaftig*, als Leben inmitten von Leben. Entsprechende Wahrnehmungsmöglichkeiten folgen dem Grundsatz der Ähnlichkeit. Je verwandter und vertrauter, desto stärker ist die Wahrscheinlichkeit, sich in spürbarer Resonanz zu bewegen.

Dazu nun können wir einen entscheidenden Beitrag leisten. Wie gesunde Garten- und Ackerflächen auch, benötigen die Felder der Verbundenheit Zuwendung und Pflege. Sonst verwildern sie. Zwar mag Verwilderung auch ihren eigenen Charme, ja ihren eigenen lebensdienlichen Wert haben, doch auf unseren Innenwegen wird klare Wahrnehmung dadurch getrübt.

Resonanz spüren und erfahren wir in unserem inneren geistigen Raum. Dort sind wir mit unserem Wesensgrund verbunden. Jederzeit lässt sich hier Heimstatt finden, denn es ist das wahre Zuhause. Und mit nahezu Allem kann von hieraus in Verbindung getreten werden.

Als Medium dazu dienen der Atem und eine tiefe, und zugleich überaus wache Stille. Sie klingt umso klarer, je mehr ich sorgsam entscheide, welche Informationen in meinen Innenraum gelangen und welche nicht; was ich von Außen aufnehme und was nicht. Entscheidend dabei scheint: *Was fördert die Entwicklung des geistigen Feldes, seine Ausdehnung auch über mich hinaus und zugleich seine Verfeinerung?*

Die Erde ist umspannt von geistigen Feldern, die Leben miteinander in Verbindung bringen und halten. Die Felder der Menschenwesen existieren dabei entfernungsunabhängig. Sie werden getragen von großen Ideen, von Glaubensvorstellungen, von Liebe, von Seelenverwandtschaft und von einer unstillbaren Sehnsucht nach dem Absoluten. Wir spüren das mit dem Herzen, sind ergriffen und ruhen in einer unantastbaren Gewissheit. Das stärkt nicht nur den einzelnen Menschen, sondern mit ihm zugleich wiederum das gesamte Feld. Kontinuierlich richtet es sich neu aus, vom Einzelnen kommend, ins Grenzenlose weisend.

Mit dieser, nicht nur in der Stille gepflegten Bewusstseinsenergie, leistet der Mensch den größten Dienst, den er an der Gemeinschaft, an dem Netzwerk der Verbundenheit vollbringen kann. Eine unsichtbare und doch höchst wirksame Form der Kooperation entsteht, die nur durch Bewusstsein und hingebungsvolles Innehalten gesteuert wird. Sie vermag Entwicklungen vorzubereiten und zu begleiten, die sich eines Tages aus der Stille und der Verborgenheit in die Sichtbarkeit öffnen und in Kommunikation einen ersten Ausdruck finden. Manchmal erwachsen große Bewegungen daraus, manchmal kleinere Kontakt- und Bewusstseinsräume, die gleichwohl als unverzichtbarer Nährboden für das Größere und die Evolution des *Wir* dienen.

Es ist wohl wahr, dass wir Veränderungen in der Welt und auf der Erde oft erst erkennen und akzeptieren, wenn wir sehen, was geschieht und vor sich geht und wie die Dinge Gestalt annehmen. Doch ohne die vorbereitenden geistigen Felder geschähe nichts wirklich Nennenswertes. Gleichwohl sollte bewusst sein, dass Feldenergien sich dabei grundsätzlich in jede Richtung aufbauen und entwickeln können. Dazu gibt die Geschichte mannigfach Beispiel. Um so wichtiger und umso schöner zu sehen, wie jede Frau und jeder Mann zu jeder Zeit ihren Beitrag leisten können, dass sich das Antlitz der Erde und die Gemeinschaft des Menschlichen verschönern. Jeder noch so unbedeutend scheinende Gedanke der Liebe, der Vergebung, der Versöhnung und der Ehrfurcht vor dem Leben haben daran einen maßgeblichen Anteil.

Vor sich selbst bestehen

Vor sich zu bestehen, das setzt ein Bewusstsein meiner selbst voraus, was durchaus etwas anderes meinen kann als das volkstümliche „Selbstbewusstsein". Dieses kommt ja manchmal bodenlos daher, wenn es die Folge einer Selbstüberschätzung ist, die nie ernsthaft mit Grenzen und den eigenen Ursachen daran konfrontiert wurde. Vor mir selber kann ich in einem tieferen Sinne nur bestehen, wenn ehrliche Selbstreflexion und auch die Fähigkeit und Bereitschaft zur Selbstkritik mein Leben gründen.

Von Selbstüberhöhung oder gar Selbstsucht liegt das weit entfernt. Zu sich selbst zu stehen, meint vielmehr, auch solidarisch mit dem Ganzen zu sein. Denn ich bin nur, was ich bin, durch das Ganze und mein Sein inmitten. Unbestritten sind das Gratwanderungen, vor allem dann, wenn die eigenen, wohlabgewogenen Überzeugungen dem Mainstream widersprechen. Zu sich selbst und zugleich für das Ganze zu stehen, wird so beides bedeuten können: sich einordnen unter Zurückstellung persönlicher Interessen – wie etwa in pandemischen Zeiten; aber auch: einem Herdentrieb widerstehen, der offensichtlich ins Verderben führt. Gerade in solchem Widerstehen liegt oft der bedeutendste Beitrag, den eine Person für das Ganze zu leisten vermag.

Ein Mensch, der in Aufrichtigkeit, orientiert durch sein Gewissen und ohne sich mit anderen zu vergleichen, vor sich selbst bestehen kann, erlangt Selbstachtung. Sie trägt, stabilisiert, hält den aufrechten Gang. Wo die Selbstachtung bedroht wird, etwa in unguten und übergriffigen Beziehungen, negativen Hierarchien im Berufsleben, Diskriminierung oder den unterschiedlichsten Formen von Mobbing, erleidet oft auch das Selbstwertgefühl Minderung und damit das Herz unseres Wesens. Zahllose Frauen und Männer, die sich im Widerstand gegen Unrechtsstrukturen und Unrechtssysteme aufgerieben und geopfert haben, konnten das nur, weil ihre Selbstachtung und ihr Selbstwertgefühl mächtiger waren als Schläge und Tritte von Außen.

Größer als alles, was bedroht, kann nur das sein, was sich unerschütterlich und verlässlich eins weiß und als eins empfindet mit einem überzeitlichen, die Person übersteigenden Ganzen. Es wird genährt von dem, was wir Liebe, das Gute und das Lebensdienliche nennen. Es geht hierbei also nicht darum, sich in einem inneren Vergleichswettbewerb als besser, klüger, gebildeter oder attraktiver zu empfinden als andere Menschen. Vielmehr sind Ehrlichkeit, Integrität und Verlässlichkeit die entscheidenden Parameter, verbunden mit der Gewissheit, Anfechtungen und Krisen nicht ohnmächtig ausgeliefert zu sein, sondern sie zu bewältigen.

Wer damit leben darf, vor sich bestehen und mit einem angemessenen Selbstwertgefühl allen Herausforderungen gegenübertreten zu können, dem und der werden Alleinsein und Stille nichts Fremdes, sondern wohltuend Vertrautes sein. Denn es ist die bewusst aufgesuchte Stille, die mir die Chance gibt, zu mir selbst zu finden. Hier reift, was sich auf den Marktplätzen und Schaubühnen des Lebens so schnell verliert. Stille, das meint nicht nur Ruhe und Zurücknahme von dem Lärm der äußeren Welt. Vielmehr geht es um ein offenes und erwartungsfreies Begegnen mit unserem größeren und tieferen Selbst, in dem wir alle ruhen, wenn wir es nur zulassen. Diese Stille ist *Hören auf den Klang des Lebens* in seiner vollendeten Form.

Lichtstrahl aus der Unendlichkeit

Zu den ersten und zugleich den letzten Fragen des Menschseins gehören: Was ist das Universum, und hat es einen tieferen Sinn? In welcher Beziehung stehen Makrokosmos und Mikrokosmos, die sich ständig neu schaffen? Was verbindet Natur und Geist, Materie und Bewusstsein?

Bei aller fortschreitenden Erkenntnis, vor allem der Quantenphysik, bleibt das Geheimnishafte, bleibt der Zauber des im letzten Unergründlichen. Wie soll das Begrenzte des menschlichen Bewusstseins auch das Unbegrenzte je ganz fassen?

In Staunen, im Ergriffensein und in der Haltung der Ehrfurcht werden wir diesem Geheimnis gerecht, ohne in der Suche nach Antworten innehalten zu können. Was uns immer weiter suchen lässt, ist der zur Entwicklung drängende Wille selbst, aus dem alles Leben hervorgeht und sich formt. In der Ehrfurcht vor diesem Werdens- und Entwicklungsimpuls anerkennen wir seinen alles überstrahlenden Wert. Er führt uns in die unbedingte Bejahung des Seins. Sie überwindet den Drang, zu klassifizieren und in höher oder nieder oder auch wert und unwert zu unterscheiden. Sie macht sich nicht abhängig von Einzelaspekten und Einzelmerkmalen und deren Verabsolutierung. Vielmehr wird sie zur Grundlage jeder sich als universal verstehenden Ethik. Diese Bejahung als Empfindung, Erkenntnis und Zuwendung können wir verstehen als die universale Form und Erscheinung der Liebe.

Diese Liebe grenzt nicht aus, sie integriert. Humanismus weitet sich zum Universalismus, neigt sich hin, zu allem, was lebt – oder genauer: zu allem, was ist. So zeigt sie sich als unteilbar, wendet sich nur einem jeweils anderen Du aus dem unendlichen Strauß der Schöpfung zu. Als richtunggebend hin zum Leben und zum Tun lässt die Liebe sich verstehen. Sie wirkt als Impuls der ganzen Seele und ist auch in diesem Sinne unteilbar. Sie schließt selbst die Kräfte mit ein, mit denen das Negative hätte getan werden können und veredelt sie dadurch. In der so verstandenen Liebe begegnen wir einer wahrhaften Reinheit des Herzens, die alles Empfinden und Handeln in die angemessene Richtung führt. Das kann identisch sein mit dem, was Menschen als Gerechtigkeit definieren, und im Idealfall wird es das auch sein. Gleichwohl steht das Sich-Orientieren und das Tun aus Liebe über jedem Gesetz und jedem Gerechtigkeitsempfinden, wenn diese in eine lebensfeindliche Richtung weisen oder führen können.

Albert Schweitzer hat eine angemessene Formulierung gefunden, als er die Idee der Liebe als einen geistigen Lichtstrahl bezeichnete, „der aus der Unendlichkeit zu uns gelangt". Er stammt aus dem Raum des Absoluten und wendet sich dorthin zurück. Diese Liebe ist wesenseins mit dem, was wir das Göttliche nennen. Wo sie lebt, als die Liebe zum Du und die Liebe zum Ganzen, als dessen Teil wir das Du nun sehen, ist das Göttliche präsent. Schließlich, und dies scheint mir nur zu oft übersehen zu werden, kann das „Göttliche", kann das „Absolute" nur durch die Augen der Liebe überhaupt gesehen und erkannt werden. Der rationale Geist allein verbleibt an dieser Stelle blind. Und er wehrt sich gegen diese Kränkung mit Sarkasmus und mit Ironie.

Sehnsucht und Heimat

In vielen Menschen lebt ein unsterblicher Sehnsuchts- und Unendlichkeitsdrang. Er führt den Blick zu den Sternen. Die Augen wandern in Fernen, in denen uns etwas Geheimnisvolles anzieht. Du meinst zu spüren, dass dich das ruft, woher du kommst.

Es gibt Visionäre, die sehen die Zukunft der Menschheit in den Weiten des Alls. Andere Planeten sollen Überleben sichern, wenn die Bedingungen dafür auf der Erde vernichtet sind; durch Raubbau an allem, die Vernichtung der Vielfalt; durch eine zügellose Vermehrung; durch Gedankenlosigkeit und vor allem fehlende Liebe zu dem, was uns trägt. Der Astrophysiker Stephen Hawking etwa mahnte, frühzeitig nach (Antriebs-)Wegen zu suchen, um Aufbruch und Abschied vorzubereiten.

Doch die Sehnsucht, verstärkt durch das geheimnisvolle Blinken aus einem zutiefst geheimnisvollen Universum ist das Eine. Würden wir leibhaftig darin eintauchen und nach neuer Heimat suchen, wäre es für uns Menschen einfach nur kalt, unwirtlich, leer, in einer endlosen auseinanderstrebenden Weite …

Spätestens dann würde bewusst, dass wir neben Mutter Erde keine zweite Mutter haben, die so für uns sorgt.

Menschen können nicht leben ohne Wärme, ohne Nähe, ohne Berührung, ohne Luft, ohne Wasser und nicht ohne Sonne, die uns wärmt, aber nicht verbrennt. Wir können nicht leben ohne die Tiere, die Pflanzen, die Elemente, den von Schönheit beseelten Reigen dessen, was wir Schöpfung nennen. Zwar ist die Erde nicht für uns gemacht; schon

Milliarden Jahre, bevor wir kamen, war sie da. Und sie wird wohl noch Milliarden Jahre sein, wenn wir schon lange wieder gegangen sind. Doch wir sind aus Erde gemacht, sind Erde durch und durch, in jeder Zelle unseres Leibes.

Zudem: Da „draußen" ist kein Gott, kein Engel, keine uns tragende geistige Welt. Was wir das Göttliche nennen, entsteht und ist spürbar nur dort, wo es in Resonanz mit dem steht, das es ersehnt, erspürt, erahnt, erhofft, erfleht, erliebt …

Der große christliche Mystiker und Evolutionsforscher Teilhard de Chardin sprach von der Noosphäre, der geistigen Sphäre, die den Erdball umgibt wie die Atmosphäre. Sie nährt unsere Sehnsucht, unser spirituelles und kulturelles Wachstum, unseren Entwicklungs- und Verwirklichungsdrang. Doch diese geistige Sphäre ist eine Geburt der terranen Evolution, untrennbar verbunden mit der Symbiose irdischer, menschlicher und transzendenter Energien.

Unsere Unendlichkeitssehnsucht ist mit unsere kostbarste Wesenheit, gerade auch, wenn sie im Blick zu den Sternen einen besonderen Ausdruck findet und sich darin zu verlieren droht. Kein Abend vergeht und keine Nacht, in denen nicht zahllose Menschen diesen Sog verspüren und den Blick zum Himmel führen. Manchmal schenkt nur dieses Schauen noch Entlastung von der Konfrontation mit jenen menschlichen Wesenheiten, die den Zauber des Seins auf Erden verblassen und das Wunder der Blume am Wegesrand übersehen lassen.

Dann mag über den Blick zu den unerreichbaren Sternen vielleicht eine neue Freude erwachsen, ein liebendes Einverständnis mit unserem Sein auf der Erde, dem Ort, der uns gegeben und anvertraut wurde. Und in der Folge ersteht die Gewissheit: Es rettet uns keine Flucht, kein Drang zur Überwindung dessen, was uns einst als Paradies übergeben wurde. Es rettet uns nur die Hingabe an das Leben, der bedingungslose Kampf für die Schönheit, die Würde und Erhabenheit des Seins. Und das Aufschauen zu den Sternen behält dann seine geheimnisvolle Kostbarkeit. In ihm erhalten wir die Sehnsucht nach dem Größeren und Unfasslichen; in ihm stellen wir uns unserer Polarität: ganz Kind der Erde und zugleich Kind des Universums zu sein.

Die orientierende Kraft der Stille

Orientierung zu finden, braucht gelegentlich Distanz. Sie braucht Distanz zur uns allenthalben umgebenden Ablenkungsindustrie, zu den Eingebundenheiten und Verhaftungen, die unser Leben prägen, zu uns selber und dem Ego-Tunnel, in dem wir uns so oft verfangen. Distanz, ohne zu verlassen und ohne zu trennen, weitet das äußere und vor allem das innere Auge. Es ergibt sich gleichsam eine Metaperspektive aus dem Inmitten.

Grundlegende Ausrichtung als Haltung dem Sein und nicht nur einigen äußeren Lebenskoordinaten gegenüber, wächst zudem nicht durch bloßes Räsonieren, Analysieren und schlussfolgerndes Denken. Sie benötigt einen inneren Heimatraum, in dem du jederzeit, völlig unabhängig davon, was im Außen geschieht, ankommen und dich beherbergen kannst, in einem Geist allumfassender Verbundenheit und angstfreien Loslassens.

Es geht bei Orientierung somit immer auch um den Raum der Stille und den Weg der Kontemplation, aus denen letztlich alles zu erwachsen vermag. Es öffnet sich der Blick hin zur Wesenhaftigkeit. Diese ist formlos, und wir werden ihrer auch nur durch Absichtslosigkeit gewahr. Körperlich vermag man sie als situative Geborgenheit und als ein ultimatives Getragensein empfinden, in dem wir keine Rolle mehr spielen, uns an nichts anpassen und uns nicht mehr begründen müssen. Hier kommst du an, da ist Heimat. Und das ist es, was immer wieder sehnsuchtsvoll in die Stille zieht. Es lässt aufrecht gehen und die Rolle auf der Bühne des Lebens neu interpretieren.

Im Universum der Stille öffnet sich ein Tor des Bewusstseins, durch das uns manchmal, wie Rilke es formuliert, etwas anweht. Zunächst ist es fern von jeglichen Gedanken. Es scheint einer anderen Dimension zu entstammen, auch wenn wir es dann wieder in Worte einkleiden und den Bildern der äußeren Welt zuordnen. Dieses Anwehen ist wie eine Berührung durch jenes Licht, das Seele und Herz nährt und wärmt. Wir befinden uns in der Wahrnehmung einer Beziehung tiefer geistiger, ja vielleicht kosmischer Resonanz. Die Seele empfindet ein ultimatives Getragensein.

In anderen Worten ließe sich sagen, dass es um die Herstellung und die Bewahrung unseres inneren Friedens geht, gleich auch, was „außen" geschieht; um die Ruhe im Auge des Taifuns; um Gewissheit selbst dann, wenn das Verstehen noch scheitert und der Boden unter unseren Füßen, den wir stabil glaubten, erodiert.

Die Stille kann uns zu dem Quell, aus dem das Leben schöpft, führen. Hier sind Welt und Überwelt potenziell noch vereinigt, irdischer Grund und geistiges Universum aufeinander bezogen. Zwar könnten wir diesen Quell auch erdenken, so wie er in diesen Worten ja auch Erwähnung findet. Doch um ihn zu spüren, sich mit ihm zu verbinden, müssen die Gedanken sich niederlegen. Hinter ihrem Ruheraum öffnet sich dann das Zimmer des Schweigens. Ohne Türen gelangen wir von dort in die raum- und zeitlose Stille. Von der *hier* gemachten Erfahrung aus, lernen wir nun, den Lauf der Dinge zu betrachten.

Dem innigen Bezug zur Stille, dem kontemplativen Weg, sind die Orientierung in der Welt, die ethische Fundierung und der visionäre Blick zugeordnet. Die Sehnsucht nach dem Unendlichen, nach dem Grundimpuls von Sein und Werden, verschmilzt mit den Erfordernissen, Möglichkeiten und Sehnsüchten in der Zeit. Wir nähern uns dem Einswerden mit unserem Innersten, dem Heiligsten und damit dem Weg an sich. Das ist eine tägliche Übung! Sie verändert das Leben und den Blick darauf grundlegend. Grund legend. Die sogenannte Welt begegnet uns in neuem Gewand. Und gleich auch, was sich nun ereignet, dieser Grund trägt.

Ästhetik als Revolte

Ja! Wir leben in der Gegenwart in einer sich zur Gewissheit verdichtenden Ahnung, dass die gegenwärtige menschliche Zivilisation bald ein Ende haben könnte. Weil wir Raubtiere sind, die den Planeten gnadenlos plündern und verwüsten. Trotzdem ist es ein unauslöschbarer menschlicher

Instinkt, unsere Geschichte immer weiter zu verlängern. Neben archaischen Überlebensimpulsen stammt dieser Instinkt aus einer Klarheit, die sich in uns auf eine unwiderstehliche Weise als *wahr* zu erkennen gegeben hat. Diese Wahrheit klärt sich nicht in Rede und Gegenrede, nicht in Abwägung aller zugänglichen Argumente. Vielmehr gewinnt sie ihren Anspruch und ihre Maßstäbe aus der Ästhetik des Seins und des Schöpferischen selbst. Sie wird immer wieder neu geboren in der Schönheit und in dem Wunder, dass etwas wird, wächst, sich entwickelt. Diese Wahrheit kann uns retten! Sie begehrt auf gegen den kapitalistischen, individualistischen, ja zivilisatorischen Irrsinn der Gegenwart; sie nährt sich aus der Zustimmung zum großen Entwurf und dem Geheimnis der planetarischen Schöpfung. In anderen Worten: Der Widerstand gegen Lebensfeindlichkeit, Zerstörung, Vernichtung, Ungerechtigkeit, Leid und Dummheit erwächst aus der Übereinstimmung mit dem Lauf der Gestirne, dem Zauber einer Rose und der Anmut einer Gazelle.

Was die in Natur und Kosmos in sich selbst liegende Wahrheit als Schönheit ausmacht, versucht nun der schöpferische Mensch in der Kunst zu spiegeln und in eigenem Ausdruck zu ergänzen, ja fortzuschreiben. Was Menschen in Jahrtausenden geschaffen haben: in ihrer Art und Weise zu malen, zu formen, sich zu bewegen, sich Ausdruck zu geben, zu singen und Klänge zu generieren; es ist Ausdruck einer Gestalt annehmenden Sehnsucht nach Vollendung bereits im Hier und Jetzt; trotz aller jederzeit mitschwingenden und schmerzenden Vorläufigkeit. Der schöpferische Prozess und das Kunstwerk stellen so einer oft als absurd und sinnfrei wahrgenommenen Seinsempfindung die Ästhetik gegenüber. An ihren Kategorien kann die Welt sich messen und an ihnen genesen.

Kunst erreicht die Seele noch da, wo andere Zugangsweisen unzureichend sind. Und die Bewunderung und das Staunen, das sie hervorzaubert, reichen schon, um auf das Wesentliche unausgesprochen zu verweisen. Du bist tief berührt, ja ergriffen worden. Das eröffnet in dir Bilder und Einblicke, wie Welt möglich sein kann.

Gleichzeitig sehen wir uns mit einem einzigartigen Doppelcharakter konfrontiert, den der künstlerische Prozess und das künstlerische Werk entfalten: über das Unverständliche und Absurde im Dasein vermögen sie einen Schleier der Schönheit zu legen. Er lindert für einen Moment das Entsetzen. Zugleich demaskieren sie die Verschleierungen einer Wirklichkeit, die den Zugang zum Möglichen verdecken. So hilft Kunst nicht nur mit der Wirklichkeit fertig zu werden; sie schlägt auch Löcher in den Beton der Beharrung, durch die das Licht eines besseren Morgen scheint. Dass sie dabei immer wieder scheitert und durch das Milieu einer selbstgerechten und satten „Kultur" schlicht ignoriert wird, mindert diesen Beitrag nicht. Im Gegenteil. Gerade das Scheitern in der Zeit bewahrt Kunst davor, domestiziert und verkitscht zu werden. Scheitern schützt ihre Wildheit und ist damit zugleich Motor für das künstlerische Schaffen selbst. Scheitern dient dann für Kunst als Schutzraum davor, nicht von den Kräften vereinnahmt zu werden, denen sie den Spiegel vorhalten will.

Tiefenschichten
des Seins

Der ganze Kosmos ist unser Leib

Der Gedanke einer universalen Wirklichkeit als Einheit in Unterschiedlichkeit tauchte in den großen Weisheitstraditionen der zurückliegenden Jahrtausende immer wieder auf. Exemplarisch sei das apokryphe, nicht kanonisierte Thomas-Evangelium genannt; es stellt auch eine schlichte und zugleich grandiose Synthese westlicher und östlicher Spiritualität dar. Die Überwindung aller Dualismen und dem menschlichen Geist entspringender Trennungen findet sich dort als durchgehendes Motiv.

„Jesus sprach: Wer das All erkennt und sich selbst verfehlt, verfehlt das Ganze."
(Spruch 67)

„Jesus sprach: Ich bin das Licht, das über allem ist. Ich bin das All. Das All ist aus mir hervorgegangen, und das All ist zu mir gelangt. Spaltet das Holz – und ich bin da. Hebt den Stein auf – und ihr werdet mich dort finden."
(Spruch 77)

„Jesus sprach: Wenn ihr die Zwei eins macht, werdet ihr Kinder des Menschen werden …"
(Spruch 106)

Dass die ganze Erde, ja der Kosmos uns nicht gegenübersteht, sondern unser Leib ist, zeigt sich hier als tragender Gedanke. Die Grenzen der Haut ermöglichen „nach innen" die Gestaltwerdung der Personalität. „Nach außen" bilden sie die Membrane, die uns in Resonanz mit dem Feld des universalen Selbst hält. So wie der menschliche Geist weit über sein Gehirn hinausgeht, sich gleichsam selbst transzendiert, können wir dies auch von unserem Körper als Teil des universalen Leibes annehmen. Im Umkehrschluss bedeutet dies, dass wir nicht nur Teil des Ganzen sind, sondern auch das Ganze in uns lebt und damit erfahren werden kann.

Dieses ineinander Verwoben-Sein tritt uns zunächst in der vertrauten Form der Begegnung zwischen Ich und Du ins Bewusstsein. Paul Watzlawick weist darauf in seinen Anmerkungen zur zwischenmenschlichen Kommunikation mit der Feststellung hin, dass wir nicht wissen, was wir gesagt haben, bevor wir nicht die Antwort des Gegenübers gehört haben. Wir spiegeln uns in der Wahrnehmung der anderen. Erst dieser Spiegel führt uns in ein integrationsfähiges Selbstbild, das auch die immer mitschwingende Selbstfremdheit in Grenzen hält. Zugleich schenkt sie uns durch die Zustimmung anderer Menschen das nötige Vertrauen in uns selbst. In der achtsamen und offenen Begegnung entsteht das Verständnis für das Teilhaben der Person am Ganzen und entsprechend die Identifikation von diesem Ganzen her. Hier beginnen wir zu verstehen, dass nicht nur wir im anderen Menschen Resonanz erzeugen und in ihm aufgehen, sondern der Andere auch in uns – wenn wir es zulassen. Ist dies verstanden und damit die Ermöglichung, die wir erst durch den Anderen erfahren, dann kann der bewusste Schritt gegangen werden, auch meinen Beitrag zur Ermöglichung des Du zu erbringen. Dieser Beitrag wird dann wieder auf mich selbst zurückwirken. Fremdermöglichung wird Selbstverwirklichung, in der Fernstenliebe verwirklicht sich die Liebe zu mir selbst.

Für den integralen Menschen wird die Reflexion darüber, auf das menschliche Du umfassend verwiesen zu sein, zum Ausgangspunkt dafür, sich dem Leben *an sich* in neuer Verbundenheit zuzuwenden und es rückhaltlos anzunehmen und zu bejahen. Es steht damit der Entwicklungsschritt an, der uns zu dem grandiosen Erkennen führt, dass sich in Allem die eine Wirklichkeit „wie die Sonne in den Splittern eines zerbrochenen Spiegels" (Teilhard de Chardin) enthüllt.

Rückhaltlose Bejahung und eine qualitativ neue Toleranz dem anderen, nichtmenschlichen Leben gegenüber verbindet sich mit tiefer Ehrfurcht vor dem Lebensprozess an sich. Sie zeigt sich in der Bereitschaft, das täglich neue Wunder des Entstehens, Werdens und Vergehens in Erkenntnis zu begleiten und ihm in Hingabe zu dienen. Sittliche Vollendung darf nicht vor der Tür des nichtmenschlichen Lebens enden.

Dein Lebenshauch – die Seele

In einer rationalisierten und erkalteten Kultur kann man über Körper, Geist und vielleicht das Herz sprechen, ohne sich weiter begründen zu müssen. Doch „Seele" ist uns weitgehend entschwunden. Was immer das denn sei, es ist zu unspezifisch, nicht greifbar und beweisbar, ein Relikt aus vorwissenschaftlicher Zeit. Aus diesem Verständnis spricht das so weit verbreitete Bewusstsein, dass nur das sei und existiere, was auch mit den gegenwärtig zur Verfügung stehenden wissenschaftlichen Methoden, Verfahren und Logiken zu beweisen ist. Einem solchen kastrierten Wirklichkeitsverständnis widerspricht der Erfahrungs- und Bewusstseinsraum eigentlich aller Kulturen – von der Antike bis in die Gegenwart. Aber was meint das – Seele …?

Oft wird sie mit „Psyche" gleichgesetzt. Doch das macht nur Sinn, wenn wir uns an der Ursprungsbedeutung und nicht dem modernen klinischen Verständnis von Psyche orientieren – nämlich als dem Lebensprinzip alles Seienden, was etwa auch das lateinische „anima" zum Ausdruck bringt. Sie ist das „Pneuma", der Lebenshauch, im Hebräischen, die „Ruach", der allem innewohnende göttliche Lebenshauch, hier als weibliche Wesenheit. Seele, so verstanden, kann als das in den Lebensprozess Eingegebene, Eingehauchte verstanden werden. Sie ist der unvergängliche Atem des Werdeprinzips, das wir auch das Göttliche nennen. Dieser in uns ruhende und wirkende Hauch hält die Verbindung zum Urhauch, dem er entstammt.

„Und meine Seele spannte weit ihre Flügel aus, flog durch die stillen Lande, als flöge sie nach Haus."

Dieser beliebte Spruch in Todesanzeigen weist uns auf etwas Wesentliches hin: Die Seele ist weit – und sie lebt wohl im Menschen, aber ihre Heimat greift weit darüber hinaus.

Während der Geist kulturell geprägt ist, hat die Seele eine unbewusste und unergründliche Tiefe, die aus einem geheimnisvollen Raum emporsteigt in das Sein. Hierin nun liegt eine besondere Einsicht, von der wir bereits in der Antike hören, die später dann auch Meister Eckhart wieder aufgreift in dem Satz, dass die Seele nicht im Körper, sondern der Körper in der Seele sei. Ich möchte das präzisieren.

Im Körper findet die Seele eine Heimat. Dort richtet sie sich für eine Zeitspanne ein, die wir Leben nennen. Während der Geist umherschweifen kann, ruht die Seele in uns. Sie ist gleichsam ein eingenisteter Tropfen, der aus dem unendlichen Seelenmeer in uns fiel, der aber immer in der Grund-Energie des Muttermeeres bleibt. So lebt sie also in uns und ist zugleich grenzenlos – und zwar sowohl räumlich wie auch zeitlich. Als überzeitliche Wesenheit zeigt sie sich vom Körper und damit auch dem physischen Tod letztlich unabhängig.

Dieser Unendlichkeitscharakter lässt den britischen Biologen und Philosophen Rupert Sheldrake davon sprechen[11], dass die Seele ein energetisches Feld sei. So können wir sie verstehen als ein entgrenztes Empfindungsfeld, mit dem der Mensch in Resonanz steht. Das erklärt zudem, dass die personale Seele mit so vielen anderen Seelen in Resonanz lebt, mit ihnen verknüpft ist. Deshalb sprechen wir von Seelenverwandtschaft. Du begegnest einem Menschen, den du noch nie vorher gesehen hast, blickst ihm in die Augen – und du spürst eine verbindende Nähe und Vertrautheit. Man schwingt in derselben Feldenergie, im selben Seelenrhythmus.

Seelen-Resonanz kann sich auf allen Ebenen des Seins ereignen. Sie ist nicht beschränkt auf das menschliche Du. Vielmehr reicht sie von unserer Umwelt (Landschaften der Seele) über die Tierwelt bis in den geistigen und göttlichen Raum, dem sie entstammt. Leben heißt: beseelt sein.

Die Seele kannst du nicht verlieren

Der Begründer der Tiefenpsychologie, Carl Gustav Jung, wies in seinem Werk auf den möglichen Verlust der Seele hin, und zwar sowohl der personalen wie auch der kollektiven. Ausartenden Materialismus und Konsumismus, die Entfremdung vom Leben und damit auch von sich selbst, die Abtrennung vom Mythos, der mir geistige Heimat gibt und mich trägt, können wir dafür verantwortlich machen. Und damit verliert der Mensch auch den Zugang zu seinem eigenen Sinn.

Aber kann es wirklich zu einem *Verlust* der Seele kommen?

Von der Antike, über die Mystik des Mittelalters bis hin zu modernen wissenschaftlichen Ansätzen hält sich der Gedanke, dass nicht die Seele abgeschlossen im Menschen, sondern der Mensch in der Seele lebt. Die Seele ist danach ein unendliches Feld, mit dem der einzelne Mensch in Resonanz geht. Aus dem Meer des Seelenhaften fällt gleichsam ein Tropfen in den Menschen und gibt ihm seine Identität – für eine Zeitspanne, die wir das Leben nennen. Im Tod löst sich die Seele vom Körper und kehrt in ihr Heimatreich zurück, zu dem sie die Verbindung allerdings nie verloren hat.

Die Seele, die im Menschen Raum nimmt, ist an sich rein. Wie sie sich mit dem Menschen entwickelt, wie sie auf seinem Schicksalsweg die Führungsrolle zwischen Geist und Körper ausfüllt, bestimmt der Mensch alleine; gewollt oder ungewollt, bewusst oder unbewusst. Lebst du in Harmonie zwischen Sinnlichkeit und Sittlichkeit, bist du nach

Schiller eine schöne Seele. Gehst du mit Liebe in Resonanz, wirst du Liebe sein. Ziehen Dinge dich magisch an, wirst du verdinglichen. Stellst du Resonanz mit dem Bösen und Lebensfeindlichen her, wird man dich eine schwarze Seele nennen.

Wie auch immer: die Seele ist immer da, wir können sie nicht verlieren. Man kann sie ihrer Potenzialität berauben und sich damit sich mindern; man kann sie zuschütten und zudecken; man kann sich von ihr abkoppeln. Aber das löst sie nicht auf. Und so kann auch die unterbrochene Verbindung zu unseren schönsten Möglichkeiten jederzeit wieder aufgenommen werden; wenn wir lernen, das Bewusstsein zu reinigen, das Herz von Interessen zu befreien, mit der Seelentiefe bewusst wieder in Resonanz zu gehen und uns entsprechend auszurichten.

Das Leben mit der Seele ist ein Prozess, und es ist Arbeit, Identitätsarbeit. Unsere Identität ist ja nicht, sie wird und wandelt sich im Werden. Dabei geht in diesem Prozess nichts verloren. Denn die Seele bewahrt, wie Hildegard von Bingen lehrte, das Erlebte in sich auf – sei es Freude, sei es Leid.

Selbstredend gilt das auf den einzelnen Menschen Bezogene auch für die Seele von Kollektiven und für das Seelenfeld der Menschheit, ja des Lebens an sich. Das macht die Bedeutung eines jeden Einzelnen für das Seelenganze deutlich. Auch hier bleibt nichts ohne Folgen, kein Gedanke, keine Tat, kein Unterlassen …

Die Seele und das Dunkle

Die Seele vermag uns zum Erhabenen und Wunderbaren zu erheben, uns in Berührung mit dem Göttlichen zu bringen. Doch kann, wie Teilhard de Chardin es einmal formulierte, die Erhabenheit des Gipfels nur erahnt werden angesichts der Tiefe des Abgrundes, der daneben aufragt. Und so liegt es im Raum der Möglichkeiten, dass die Seele auch mit der dunklen Seite des unendlichen Feldes in Resonanz treten kann. Es ist die Seite, die wir, von der menschlichen Ethik her betrachtet, das Dunkle oder gar das Böse nennen.

Die Seele kann irren, und sie kann sich verirren. Und sie kann verdunkeln. Zu leuchten vermag sie nur, wenn die Liebe, die bedingungslose und hingebungsvolle Seinsliebe durch sie fließt. So wie ein neugeborenes Kind ist die Seele an sich rein. Für die Resonanz, in die sie im Verlauf des Lebens geht, ist der Mensch, verbunden mit den Einflüssen seiner Umgebung, alleine verantwortlich. Und so bedarf es immer wieder der Einübung in den bewussten Geist, der sich Rechenschaft ablegt über die Bewegungen der Seele und der ihr hilft zu widerstreben, wenn sie droht, dem Dunklen zu erliegen. Das ist unser niemals endender Lebensauftrag. Wie viele, auch politisch oder wirtschaftlich bedeutendste Menschen sind an ihm gescheitert. Den Energiefeldern der eigennützigen Macht, der gewalthaften Herrschaft, des Materialismus und der Ideologie wollten sie nichts entgegensetzen – oder sie meinten es nicht zu können. Und dann gilt, was Friedrich Nietzsche auf den Punkt brachte:

„Wenn du lange in einen Abgrund blickst, blickt der

Abgrund auch in dich hinein." Er stellt dann eine Resonanz mit deiner Seele her ...

Diese Verirrungen jedoch müssen nie ein letztendliches Schicksal sein. Denn zu der Heimat, aus der die Seele stammt, gehört das Licht, das heller strahlt, als jeder Abgrund es je könnte. Und so kann die Seele jederzeit die Schönheit des Universums, die Schönheit des Seins und die eigene Schönheit in Liebe erfassen und sich damit selbst wieder in die entsprechende Schwingung bringen.

Meister Eckhart sagte einst, dass die Seele immer da sei, wo Gott Mitleid bewirkt. Dieser Punkt scheint mir gerade im Hinblick auf die „Verdunklungsgefahr" wichtig: die Beziehung von Seele, Mitempfinden und Mitleid, von Schönheit, Mitempfinden und Mitleid. Denn es gibt weder eine tiefe, der Quelle des Lebens entspringende Seelenregung ohne diese beiden, noch gibt es Schönheit in einem tieferen Sinne ohne Mitempfinden und Mitleid. Es ist jenes Mitleid, das sich rührt, wenn Leben verwundet und getreten wurde, wenn die Schönheit der Schöpfung sich Misshandlungen ausgesetzt sieht. Mitleid ist dann das Mitempfinden eines schmerzenden Defizits; eines Defizits an Liebe, an Zuwendung, an Respekt; eines Defizits an Unversehrtheit. Die Tränen des Mitleids reinigen und heilen die Seele. Sie entschlacken sie von verheerender Selbstbezüglichkeit. So weitet liebendes Mitleid die Seele immer wieder, führt sie durch Empfindung über ichhafte Ankettungen hinaus in das Feld des Miteinander.

Böse und Gut

Seit die Menschen begonnen haben, in Gut und Böse zu unterscheiden, stellt diese Polarität die Probe auf unsere Freiheit dar. Jeder ist nun potenzieller Täter oder potenzieller Heiliger. Und das beziehen wir nicht nur auf einzelne Personen, sondern oft ganze Staaten oder Kulturen. Ist etwas als das Böse identifiziert und markiert, folgen normalerweise die Versuche, es im Namen des sogenannten Guten auszulöschen. Das Rezept lautet: Verbannung aus der Welt durch Vernichtung. Jeder dieser Versuche führte und führt unausweichlich selbst in negatives Handeln.

Wie leicht kann man das oft einfach nur Andere als „das Böse" behaupten, Demarkationslinien benennen und dann mit Strafaktionen beginnen – vorausgesetzt, man verfügt über die entsprechende Macht. Doch das Böse hat fatalerweise keinen Anfangs- und keinen Endpunkt. Vielmehr durchdringt es als Potenzialität ausnahmslos alle Lebensräume. Reduzieren wir die Frage nach Gut und Böse auf ein dualistisches Weltbild, nehmen wir uns die Chance, Welt und Kosmos als Ganzes zu sehen und zu verstehen. Die vollzogene Spaltung und Trennung verstärkt nur unsere Illusionen. Auch nimmt sie uns hinsichtlich der weltumspannenden Macht des Bösen die Gelegenheit, der oft zunächst verborgenen und geheimnisvollen Rolle nachzuspüren, die der dunklen Macht im Erlösungsprozess des Menschen zukommt.

Von der Freiheit her betrachtet, erscheint das Böse als die bewusste Wahl der falschen Lebensorientierung. Wer diese Wahl trifft, richtet sich gegen die Gerechtigkeit, gegen die Liebe, gegen das Gestaltende und somit gegen das Leben. Er wendet sich durch die mit dem Bösen verursachten Folgefolgen, wie Lüge und Rechtfertigung, aber auch gegen die Freiheit selbst, der er seine Entscheidung verdankt. Denn Freiheit schwindet zwangsläufig mit dem Anwachsen des Unrechts im Einzelnen, in der Gesellschaft und den Strukturen, die sie hervorbringt.

Gehört die Wahlfreiheit zum Menschen, so setzt Wahl immer Vollkommenes und Unvollkommenes, Gutes und Böses voraus. Freiheit gäbe es nicht ohne Alternativen und ohne die Differenz als Prinzip der Schöpfung. Nehmen wir das als gegeben, macht es keinen Sinn mehr, von einer unvollendeten Schöpfung zu sprechen, nur weil wir an dem leiden, was wir das Böse nennen. Ihre Vollendung liegt gerade in der Dynamik und Dialektik, die Freiheit und Entwicklung ermöglicht!

Gut und Böse können als Zusammenhangsenergien gesehen werden. Darin liegt ihr gemeinsamer Sinn und letztlich ihre Unüberwindbarkeit. Unsere Identität bewegt sich innerhalb des Spannungsfeldes dieser Polarität. Möge doch der Weg zum Guten führen, so die Sehnsucht des Menschen; denn eine Heimat im Dazwischen ist doch irgendwie keine. Die Abwendung vom Bösen führt dann zur Hinwendung zum Guten und einer darauf gegründeten Hoffnung. So erhält in der Abkehr vom Bösen die Liebe mehr Entwicklungsraum. So erwacht der Ruf nach Gnade und stärkt die Verankerung im Glauben. Und so wird schließlich durch den Blick auf das Gute das Böse integriert. Es entsteht eine bewusste Ganzheit, die mit den Gegensätzen als dazugehörig vertraut ist. Das erst vermag dann in eine Orientierung zu führen, die auf Wahl und Entscheidung basiert. Am Ende steht dann zwar keine Vollkommenheit, aber eine verstandene Vollständigkeit.

Verschwände das für den Menschen Dunkle und Schmerzhafte aus dem Universum, verlören wir unsere Welt. Wir lebten gefangen in einem seligen Himmel, in dem alles schon immer da und ungefährdet ist, das, was wir „Gott" nennen inbegriffen. Paradiesisch entmündigt, nähmen wir kein Entwicklungspotenzial wahr, das zu füllen wir aufbrächen. Ohne Krankheiten und das Leiden daran gäbe es keine Medizin und keine Heilkunst. Es strahlten nicht vorbildhaft manche ärztlichen Pioniere und Helden und unzählige Pflegekräfte, die sich selbstlos dem Dienst am beschädigten Leben hingeben. Dem Geist und der Seele des Menschen wäre also die Chance genommen, das Feld der karitativen Liebe, der heilenden und tröstenden Zuwendung und des Erbarmens zu entdecken und zu bestellen.

Träumten wir von einer Welt ohne Unrecht, Verfolgung und Unterdrückung, so müssten wir in diesem an sich wunderbaren Traum auch auf die Geschichte von Aufbegehren, Auflehnung und Widerstand verzichten. Es hätte keine Freiheitskämpfer, Märtyrer und Visionäre gegeben, die ohne Rücksicht auf das eigene Leben sich ganz dem Dienst an der Menschlichkeit und an der Freiheit verschrieben haben. In uns lebte keinerlei Erinnerung an die kleinen und großen Siege über das Unrecht und die Tyrannei. Wir könnten von keiner Erfahrung zehren, in der Menschen sich verbündet und gemeinsam erhoben haben, um dem Miteinandersein ein edleres Gesicht zu schenken. Dem Geist und der Seele des Menschen wäre also die Chance genommen, das Feld der Humanität, der Solidarität und der gerechten Weltgestaltung zu entdecken und zu bestellen.

Könnten wir das physische sowie das moralische und das metaphysische Böse verbannen, hätte es wohl nie eine Religion gegeben. „Gott" als unser alleiniges Gegenüber, ohne Widersacherkräfte, ohne den Stachel der Versuchung und den Zwang zur Entscheidung, wäre ein zu selbstverständliches Gut, als dass wir nach ihm suchen und darum ringen würden. Keine Erlösergestalt hätte sich inkarniert, kein Heiliger den Menschen Orientierung gegeben. Und der Kulturraum der Menschen verbliebe öde ohne die verzaubernden Werke der Musik, der Literatur, der darstellenden und bildenden Kunst und der Architektur. Dem Wahren, Guten und Schönen dienend, schmücken sie das Feld des Absoluten bereits inmitten des Irdischen. Es ist das Ringen und sich Entscheiden und das sich Positionieren, das die Spirale der kulturellen Evolution nach oben bewegt …

Existenzielle Unsicherheit

Verlässlichkeit im sozialen und kulturellen Prozess des Werdens können wir uns zugestehen bezüglich unserer eigenen inneren Haltung, bezüglich des Ethos, das uns trägt und ausrichtet. Vorausgesetzt, wir haben Vertrauen zu uns selbst.

Der Rest ist und bleibt Kontingenz, hält also in einer Existenz, die sich in Unsicherheit bewegt. Sie muss sich strengstens versagen, nach Gewissheiten zu suchen oder sich gar in einem Leben mit Garantieanspruch einrichten zu wollen. Denn das ist der Mut, um den es geht: Das Aushalten fehlender Handlungsmacht im Sein, das Ertragen der mitgegebenen Unsicherheit hinsichtlich aller erkannten Möglichkeiten und damit des Fehlens eines als sicher zu bezeichnenden Ausgangs.

Unsicherheit durch Unberechenbarkeit konfrontiert mit der außerordentlichen Zumutung, wirklich nichts als unvermeidlich anzusehen, und zwar in nahezu jede Richtung! Und so können an gesellschaftlichen/kulturellen/historischen Kulminationspunkten sowohl Katastrophen warten als auch ungeahnte Möglichkeitsräume, die sich unvermittelt zu öffnen beginnen. Ein zukunftsweisender Umgang mit solcher Offenheit meint dann, Unsicherheit in die Kunst zu überführen, das im Momentum Gegebene zu gestalten. Und zwar dadurch, dass ich selbst in der Katastrophe alles auf diese Möglichkeitsräume ausrichte. Neues, das sich mir zeigt, bin ich bereit, bedingungslos zuzulassen und es zu formen.

Das Aushalten von Unsicherheit gesteht dem Zweifel sein Recht zu und wertschätzt den Irrtum. Solches beginnt damit, sich von zahlreichen alten Zukunftsillusionen zu verabschieden. Wie oft haben sie als große historische Irrtümer auch die persönliche Existenz unzähliger Menschen infiltriert und in der Folge blockiert. Der Wachstumsglaube, das sozialistische Gleichheitsideal oder die neoliberale Vergötterung von Markt und Kapital stehen exemplarisch dafür. Wie kein anderer, kann der Abschied aus diesen Lebens- und Bewusstseinsfallen mit großartiger Befreiung verbunden sein. Dann erwachsen Phantasie und Kreativität geradezu zwangsläufig.

194

Zuwendung erfordert dabei die Herausforderung, sich bei aller Komplexität und Unberechenbarkeit im Leben doch zugleich in einer langfristigen und verlässlichen Perspektive zu üben. Denn kein personales und kein soziales System hält permanenten Kurswechsel aus. Allerdings helfen dabei keine Perspektiven, Zukunftsentwürfe und Handlungsschritte mehr, die sich an Insel- und Rückzugsmodellen und in sich abgeschlossenen Weltentwürfen orientieren. Denn zur Akzeptanz der existenziellen Unberechenbarkeit gehört heute eben die Einsicht, dass sie bei aller Nähe zu meinem Leben doch immer wieder auch mit globalen Ursachen verbunden ist. Und das hat Folgen für denkbare Optionen. Selbstgewählte Isolation kann nur in die Beschneidung von Potenzialität führen und letztlich in Verbitterung.

Lob der Grenze

Kaum etwas ist für manche Zeitgenossen so schwer zu ertragen wie Grenzen – äußerer und innerer Natur. Ja, sie mögen sogar leicht als narzisstische Kränkung empfunden werden, wenn wir dort, wo wir so gerne weiter wollten, auf ein „Stopp" treffen. Grenzen als lähmend wahrzunehmen, als Behinderung meines Ausdehnungsdranges und Einschränkung von Freiheit spiegelt ein kulturelles Niveau, das *immer weiter, immer schneller, immer größer, durch jede Mauer hindurch* zutiefst verinnerlicht hat. Es ist ein Niveau, das als spätpubertär bezeichnet werden kann.

Doch der Blick lässt sich wandeln. Von dem, was zu behindern scheint, hin zu dem, was ermöglicht. Dass wir

Grenzen brauchen und eine positive Erziehung genau meint, dieses zu lernen und zu respektieren, ist nun wahrlich fast schon zu banal, um es aussprechen zu dürfen. Und doch lohnt sich ein grundlegender Perspektivwechsel.

Konsum, dem ich nicht die Grenze setze, auf das zu verzichten, was es zu einem Leben in Würde nicht braucht, wird zum Götzen und vernichtet neben kostbaren und begrenzten Ressourcen freies Handeln.

Mobilität, die nicht respektiert, dass es Räume und Orte gibt, an denen wir nichts zu suchen und nichts zu finden haben, zerstört das, an dem sie sich ergötzen möchte.

Sexualität ohne Grenzbewusstsein hinsichtlich der Empfindungsseele des anderen liegt nahe an Entwürdigung und dem Verlust einer Intimität, die sich immer auch als Teil eines Geheimnisraumes sieht.

Migration ohne klare und verantwortbare Grenzgrößen und deren Respektierung zerstört durch kulturelle und psychologische Überforderung beides: erhoffte Integration *und* gleichzeitige Bewahrung einer historisch gewachsenen kulturellen Identität.

Kommunikation, der nicht die Einsicht zugrunde liegt, dass allem Aussprechenwollen immer auch die Frage von Takt und Timing gegenübersteht, trennt eher, als dass sie verbindet.

Grenze meint: mir ist ein Raum zugewiesen. Nach innen kann ich mich hier entfalten, die Dinge gestalten, meine Energien bündeln und dosieren. Es ist mein Raum der Freiheit. Auf das Außen bezogen bietet mir der Raum einen gewissen Schutz. Der sollte zwar nicht als *Sicherheit* missverstanden werden, doch gewährt er ein wenig Verlässlichkeit, das notwendige Maß an Überschaubarkeit und auch immer wieder eine Ahnung von Ruhe. Ich-Bewusstsein, Individualität und Sozialität und auch ein in das Ganze eingebettetes Selbstwertgefühl sind ohne Grenzen nicht vorstellbar. Die Grenze gehört zum Prozess der Stiftung von Identität. Und dies gilt personal, sozial und kulturell. Vor allem aber: Nur wenn ich meine eigenen Grenzen und die darin liegenden Möglichkeiten achte und respektiere, vermag ich Toleranz und Respekt vor denen anderer Menschen, ja anderen Lebens zu entwickeln. Dieses doppelte Grenzwertbewusstsein auch ist die Voraussetzung für das Entstehen von Empathie, also der Gratwanderung zwischen Nähe und Distanz; der Nähe, die ich brauche, um den anderen in Tiefe zu verstehen, ja vielleicht sogar von ihm/von ihr her zu empfinden; und jener Distanz, die erforderlich ist, dass sich die Grenzen zwischen Ich und Du nicht auflösen und mich handlungsunfähig machen.

Akzeptanz und Wertschätzung der Grenze sind schließlich die Voraussetzung dafür, sie zu transformieren, ja zu überwinden. Das ist die Dialektik des Grenzhaften. Wir sprechen hier von der Fruchtbarkeit, die darin liegt, sich zu bescheiden. Denn in Demut und Klarheit das Gegebene zu respektieren, lässt natürlich unseren Unendlichkeitsdrang und den dem Menschen beigegebenen Sog in das Entgrenzte nicht absterben. Im Gegenteil. Beide werden dadurch erst wahrhaft geboren und zu ihrem Eigentlichen erweckt; und das liegt jenseits alles Vorläufigen, Bedingten und Verdinglichten.

Schatten der Hoffnung

Ein spanisches Sprichwort betont, dass, wer von der Hoffnung lebt, an Verzweiflung stirbt.

So manche Hoffnung macht krank, wenn die Hürden der Unwahrscheinlichkeit, die ihr gegenüberstehen, schlichtweg unüberwindbar sind. Ungesund wird Hoffnung auch da, wo sie der Gegenwart ihr Recht, ihre Würde und ihre Möglichkeiten dadurch raubt, dass sie in der Konzentration und Ausrichtung auf das ersehnte Zukünftige das entgleiten lässt, was auch der Augenblick an Richtungsweisendem beschert. Falsche Hoffnungen also wollen verabschiedet werden. Es ist zweifellos gesünder, sich zu einer partiellen Hoffnungslosigkeit zu bekennen und sie zu durchleben, als die Lebensenergie durch Träume zu blockieren; gemeint sind Träume, die letztendlich nur betrügen bzw. in denen wir doch nur wollen, dass die Dinge sich so entwickeln, wie uns das vorschwebt und genehm ist.

Solche Hoffnungslosigkeit sollte nicht mit Resignation verwechselt werden. Wir können sie eher als eine Ohnmacht mit offenen Augen verstehen. Sie hält uns in der Präsenz und damit in Berührung mit dem, was gerade ist. So bietet sie auch eine Form von Halt in der Haltlosigkeit. Vor allem sagt sie ja zu dem, was gerade lebt, auch wenn es schmerzt.

Zu den Schatten der Hoffnung gehört auch, dass sie sich normalerweise auf das bereits Bekannte bezieht, von dem ich mir Vorstellungen machen kann. Das mündet dann oft in ein Streben, etwas festzuhalten.

Hier nun wird die Unterscheidung in billige und tätige Hoffnung wichtig. Billig ist sie, wenn sie sich auf die

Verkündigung des Erhofften beschränkt und einen damit verbundenen unbegründeten Optimismus, dass die Dinge schon gut ausgehen werden. Dann, so könnte man sagen, ist Hoffnung oft schlichtweg fehlende Information bzw. fehlende Erkenntnis, die durch Denken hätte erlangt werden können.

Tätige Hoffnung geschieht demgegenüber in einem Urvertrauen, dass das, was der Mensch tut, sinnhaft ist und heilend. Dabei spielt keine Rolle, ob er das Visionäre und Erhoffte bereits konkret schaut, und sie sieht sich auch unabhängig vom Ausgang, vom Ergebnis. Tätige Hoffnung nimmt ernst, dass eine Möglichkeit und eine Zukunft zwar ersehnt und erkannt werden können, dass dies aber auch eine Anforderung darstellt, ja mit einer Bringschuld des Menschen verbunden ist. Alle großen Visionen setzen dies voraus. Sie sind Ankündigung, also Indikativ und Aufforderung, also Imperativ.

Das hoffende Voranschreiten mindert nie die Unverfügbarkeit des Zukünftigen. Entscheidungen fallen letztlich immer in das Unvorhersehbare und Dunkle hinein. Und das ist gut so. Die nicht zu überwindende Angreifbarkeit und Verletzbarkeit unserer Bedürfnisse nach Stabilität hält Kreativität am Leben. Sie verhindert, Zukunft bloß als eine Verlängerung der Gegenwart zu sehen und daran das Handeln zu orientieren. Das Verhältnis zwischen der Kontinuität, die wir als eine Grundenergie brauchen, und dem Bruch sowie der unvorhergesehenen Veränderung, muss immer wieder neu austariert, ja in uns ausgehandelt werden. Sie stehen in einer äußerst dynamischen Wechselbeziehung, die unsere Aufmerksamkeit und unsere Energien bindet. Dann wartet die Phase des Innehaltens, des Reflektierens und des sich neu Ausrichtens. Es ist nun gerade der Veränderungsdruck, der vorübergehend zum Fels in der Brandung wird.

Hoffnung, Unverfügbarkeit, Erkenntnis, Vertrauen und Wandlung also wollen zusammen gedacht, zusammen gefühlt und in tätiges Sein überführt werden. Eine so eingebettete Hoffnung führt nicht in Verzweiflung. Sie führt in das, was wir Leben nennen, und sie hält darin.

Der Reichtum des Mangels

Eine paradoxe Dualität des Mangels prägt den gegenwärtigen Weltzustand. Da ist einmal die lebensbedrohliche materielle Armut. Sie hält Menschen, ja ganze Länder, im nackten Überlebenskampf. Sie blockiert jegliches Streben nach einer Selbstverwirklichung, die geistig und handelnd den engen Rahmen der alltäglichen Daseinsvorsorge überschreitet. Zwar zeigt die Landkarte dieses durch existenzielle Armut verursachten Mangels hervorgehobene Kontinente und Regionen auf unserem Planeten, doch zieht sich der entwürdigende Schrecken mittlerweile auch durch die sogenannten reichen Länder und Regionen.

Dem steht der Mangel durch Überfluss gegenüber. Wir finden ihn vor allem in den hoch industrialisierten Ländern, aber auch den korrupten Herrschafts- und Wirtschaftseliten der Entwicklungs- und Schwellenländer. Die Haltung des Habens und Haltens ist im Überflussmangel in einer äußerst destruktiven Weise aggressiv, und sie muss es sein; denn sie hat ständig etwas zu verteidigen – Geld, Güter,

Status, Sicherheit. Solches Anhaften lässt leiden; nicht nur die Opfer von Habgier und Uneinsichtigkeit, sondern auch die, die nicht loslassen können. Ihr vom Materiellen und Dinghaften besetzter „Sinn des Seins" und ihre an den Besitz gebundene Identität sind brüchig wie die Dinge selbst. Und sie hinterlassen unstillbare Defizitgefühle im Raum des Lebenssinns.

Doch Mangel hat nicht nur diese doppelten negativen und oft lebensverachtenden Seiten in der Form von Armut und Not auf der einen oder der des Überflusses auf der anderen Seite. Mangel zeigt sich auch in jenem Empfinden, das dem Entwicklungs- und Veränderungsdrang hinsichtlich einer als unzulänglich wahrgenommenen und empfundenen Gegenwart vorausgeht. Dieser Mangel ist der Stachel des Noch-Nicht, des zwar Ersehnten, aber noch Unvollendeten. Ihn zu spüren, stellt den Zusammenhang zu den Bedingungen her, die ihm zugrunde liegen. Und er steht damit am Beginn eines Bewusstseins, das die Voraussetzung dafür ist, an seiner Überwindung zu arbeiten.

Auf das Materielle und auf Güter bezogen ist dieser Gedanke banal. Ihm liegen nicht zuletzt ein Großteil der Erfindungen und auch Reformen zugrunde. Not macht eben erfinderisch. Geistig stellt er für Kulturen, vor allem aber für den einzelnen Menschen, eine äußerst weitreichende Herausforderung dar. Denn dieses Mangelempfinden will nicht abgestellt sein, es will am Leben gehalten werden! Es beugt der Selbstzufriedenheit und einer entsprechend von der Verbundenheit mit allem Leben fortführenden Selbstgenügsamkeit vor. Es hält in der Freiheit, unterwegs zu sein – und zwar mit leichtem Gepäck. Dieser Mangel ist *geistiger*

Natur und zutiefst spirituell. Er braucht, um seine Energie als Freiheit zu entfalten, den bewusst gewählten *materiellen* Mangel; oder wir sollten hier eher von Genügsamkeit sprechen und vom Verzicht auf das, was es zu einem Leben in Würde nicht braucht.

Die Kommunikation des Leidens

Nur das Sterben und der Tod sehen sich noch stärker an den Randbereich unserer Kultur geschoben und mit einer dunklen Aura umwoben als das Leiden. Vom Schmerz her gedacht, der uns in größter Intensität ereilen kann – und zwar sowohl körperlich wie auch seelisch – ist das durchaus verständlich. Leiden steht, wenn es ausschließlich vor dem Horizont der Pein, des Verlustes und des Nichtgelingens betrachtet wird, für das Negative im Leben schlechthin. Was gäbe es da anderes zu deuten … von positiv mag man in diesem Zusammenhang gar nicht sprechen.

Ohne etwas in irgendeiner Weise verharmlosen zu wollen, können wir das Leiden als ein Auge der Erkenntnis sehen. Auch das Schlimmste gereicht zur Entwicklung, wenn wir in ihm irgendwann das verstehen lernen, was über alle Unbegreiflichkeit, alles Unverständnis und alles Entsetzen hinaus zur Selbst- und Welterkenntnis beitragen will. Manch einem Menschen, der tief ins Leiden verstrickt ist, mag diese Aussage als Zumutung erscheinen.

An diesem Punkte führt nur dann ein Weg aus der Verengung unserer Wahrnehmung, wenn das Leiden zwar als schmerzhafter Eingriff, allerdings im Kontext der Vielfalt und Fülle des Seins, betrachtet wird. Wir versuchen damit, es als Stufe im Prozess des Werdens wahrzunehmen und als Pfand für jene „höheren" Güter, ohne die Menschsein sich selten vollendet. Ein ununterbrochenes Vor-sich-Hinleben in Abwehr und Verdrängung jeglicher Anfechtung stumpft ab. Es lässt die Sinne und Empfindungsfähigkeit, auch gegenüber dem Schmerz des anderen Lebens, verkümmern. Das Leiden hält auf seine Weise wach und offenbart das Sein als eben nicht gleich-gültig.

Seinen Ausgangspunkt nimmt die Neuorientierung von Sinn und Tun bereits dann, wenn der Mensch anfängt, am Leiden zu leiden. Zu leiden ist schon schmerzhaft genug, dann aber auch daran leiden, dass man leidet, führt nur in eine Abwärtsspirale auf allen Ebenen. Erkenne ich das, lassen sich in der Folge neue Ziele bestimmen und innere Räume errichten, diese Ziele anzustreben. Das ist ein schöpferischer Prozess. Die Unabänderlichkeit des Leidens beherrscht nun nicht mehr alles. Erste Schritte über die von negativen Energien angegriffenen Lebensräume hinaus werden vorbereitet und gegangen. Dabei hilft das Wissen um eine letzte Freiheit, über die wir immer verfügen. Alte und morsche Brücken des Gewordenen bleiben hinter uns. Solches meint ungleich mehr, als das Leiden in überkommener kultureller Form pflichtgemäß einfach auszuhalten. Darin zeigt sich zwar ohne Zweifel eine besondere Größe, doch liegt dieser heroische Akt auch nahe an resignativer Verlorenheit.

Die Annahme des Leidens führt über den Erfahrungsweg der Kommunikation. Gerade wenn wir einen Sinn des Leidens in der wachsenden Bereitschaft erkennen, Überlebtes, das uns verwundet hat, hinter uns zu lassen, fordert es sie ein – und zwar auf drei Ebenen.

Da ist einmal die Kommunikation mit dem Leiden selbst. Es führt den Menschen ja in die wohl größtmögliche, auf sich selbst bezogene Intimität und die Verbindung mit dem, was ihn als verwundender „Feind" ergriffen hat. Mit ihm, diesem Leid verursachenden innerlichen Gegenüber, gilt es, in Kontakt zu treten. Dann wird Schritt um Schritt, im Dialog mit jeder inneren Einschätzung, jedem Urteil und jedem ausgelösten Gefühl offensichtlicher, wie ich das mir Zugehörige im Bewusstsein abgespalten habe, nur weil es mich verwundet. Erst wenn ich in der Kommunikation mit dem Leiden erkenne, dass ich es selber bin, dass der Beobachtende das ist, was er beobachtet, und die Ertragende das, was sie erträgt, kann die Heilung als schöpferische Bewältigung beginnen.

Zugleich fordert es die über mich hinausgehende Kommunikation. Schließlich verbleibt mein Leiden ja nicht bei mir, betrifft es direkt oder indirekt immer andere Menschen mit und erfährt so Resonanz. Das Zur-Sprache-Bringen des Leidens, vor allem bei den engsten Bezugspersonen, erweist sich als Voraussetzung, es durch die Wahrnehmungen des Du noch besser zu verstehen und in seinen Ursachen annehmen zu können. Zugleich vermag diese Kommunikation jenen Belastungen und Missverständnissen vorzubeugen oder sie gar aufzulösen, die durch mich als den Träger des Leids im Mitmenschen verursacht werden können. Oft sind es ja gerade solche Irritationen bei den uns nahestehenden Menschen, die das Leiden verstärken, wenn ich mich unverstanden oder gar isoliert fühle.

Es bleibt als dritte Ebene der Kommunikation die Ausrichtung auf das, was wir geistige Welt nennen, das Größere, das uns umgibt und dessen Teil wir zugleich sind. In alter Sprache sagte man, „das Leiden vor Gott bringen"; es aussprechen und das, was sich meiner Verfügung entzieht, mit geöffneten Händen übergeben: „Dein Wille geschehe", formulierte es einst der Prophet aus Nazareth.

Die existenzielle, auf das Wachstum des Menschen ausgerichtete Herausforderung des Leidens besteht somit darin, die Einkerkerung in der eigenen überkommenen Lebenswirklichkeit zu überwinden. Geschieht dies nicht, bleiben wir Opfer des nicht Verstandenen und vor allem auch der erlernten und sozialisierten Weisen, damit umzugehen. Dann mögen wir vielleicht sogar dazu tendieren, das Leiden zu zementieren, ermöglicht es uns doch, die Verhältnisse, die wir schufen, ohne den Schmerz des Lassens und die Herausforderungen des Neuanfangs beizubehalten. So wird das Leiden zur alles beherrschenden Instanz. Vor allem aber bleibt dem Leidenden der Zugang zu der Erfahrung verstellt, dass es an der Quelle des Seins, am Ursprung unseres Wesens und in der Tiefe des Selbst nichts mehr gibt, das verwundet werden kann.

Schwester Einsamkeit

Den Weg zum Werden, das Aufbrechen, gehen wir nicht alleine. Zwar werden Begegnungen in gleicher Feldstärke und in gleicher Seelentiefe seltener, doch umso kostbarer sind die, die verbleiben und sich neu ergeben. Und umso wichtiger wird das Ausschauhalten nach denen, die gleichfalls in der Spur der Ermöglichung und Verwirklichung wandeln. Im gemeinsamen Gehen erschließen sich tiefste Potenziale. Die gegenseitige Offenheit für die Bewusstseinsfelder des Du schafft ein Meta-Bewusstsein, das in der Vereinzelung unerreichbar ist. Es ist jenes Bewusstsein, das nicht nur die Erkenntnisqualität steigert, sondern auch vor dem Absturz bewahrt, wenn die Radikalisierung der Seinsanfragen unvermeidlich in das Gefühl tiefer Einsamkeit zieht. Diese wohl verlässlichste Vertraute, die Einsamkeit, gestattet kein Ausweichen und kein Fliehen. Sie holt den Weltenwanderer, den Gottsucher und den Revoltierenden immer wieder ein. Sie umgibt ihn wie jene Dunkelheit, die durchstanden werden will in Erwartung des gleichfalls sicheren Sonnenaufgangs.

So wie die Ohnmacht und das Scheitern wurde in den abendländischen Machbarkeits- und Ablenkungskulturen auch die Einsamkeit stigmatisiert. Doch die Einsamkeit, von der ich hier spreche, resultiert nicht aus selbstgewählter Isolation, Kontaktverweigerung oder psychisch-sozialen Blockaden. Sie liegt am Weg des Aufbruchs, und sie dient der Reinigung von alten Denk-, Erlebens- und Handlungsmustern. In ihr bereitet sich das Neue vor.

Das von uns als krisenhaft wahrgenommene Einsamkeitsempfinden bedarf der Selbstreflexion und der Einkehr in Stille. Es ist wie die Suche nach einem Pfad im Verborgenen. Antoine de Saint-Exupéry, der Vater des kleinen Prinzen, versinnbildlicht in der Umschreibung eines Wüstenerlebnisses diese Erfahrung:

„Ich entsinne mich eines Tages, da ich mich im unwegsamen Hochland verirrt hatte. Es schien mir süß, inmitten der Meinen zu sterben, als ich wieder menschliche Spuren fand. Doch nichts unterschied die Landschaft von einer anderen, außer der schwachen Spur im Sande, halb verwischt vom Winde. Und alles war verwandelt."[12]

Das Durchwandern der Einsamkeit, ihre Annahme als liebende Schwester, gleicht einer Einübung ins Sterben und in die Auferstehung zugleich. Man kann sie verstehen als Übung der Demut, geboren aus der Einsicht in unsere Endlichkeit, und zugleich die vertrauende Zuversicht, dass Dunkelheit nicht gleichzusetzen ist mit dem Verschwinden des Lichts, sondern lediglich mit seinem vorübergehenden Rückzug aus unserer direkten Wahrnehmung. Sie bewahrt in dem Respekt vor unseren Grenzen und dem Verweis auf das uns übersteigende Göttliche davor, in die Falle der Hybris zu laufen, die suggerieren möchte, wir selbst seien uns der letzte Maßstab. Sie hält in der Demut. Und sie nährt die Flamme der Sehnsucht.

Ahnung und Wirklichkeit

Da lebt so eine Ahnung, dass etwas auf einen zukommt. Sie breitet sich als diffuses, vages Vorgefühl in unserem Gemüt aus, das kaum zu unterdrücken ist.

Manchmal wird die Ahnung Wirklichkeit. Ein anderes Mal stellen wir fest, dass wir uns mit ihr wohl doch getäuscht haben. Aber selbst dann hatte sie eine Wirkung. Wer eine Vorahnung hat, ändert durch sie möglicherweise sein Verhalten bzw. seine Einstellung und damit den

Verlauf des Geschehens. Genau das mag dann bewirken, dass das Erahnte nicht oder anders eintritt. Man könnte in diesem Fall also von einer *self destroying prophecy* sprechen, einer Prophezeiung, die gerade dadurch nicht zur Wirklichkeit wird, weil ich mir ihrer bewusst bin und dies auf mein Verhalten einwirkt.

Wir können die Ahnung aus verschiedenen Blickwinkeln anschauen, je nachdem, worauf sie sich bezieht.

Im alltäglichen Geschehen gründet sie wohl in den meisten Fällen in Vorerfahrungen, die zu einer begründeten Vermutung und einem Erspüren jenes Zukünftigen führen, das sich in einem verwandten Erfahrungsbereich bewegt. Das ist vergleichbar mit Intuitionen, die sich aus einem reichen Schatz an Wissen und Erfahrungen speisen.

Ahnungen formen sich aber auch aus Informationen, die dem Unterbewussten entstammen. Sie erwachsen aus diffusen Sorgen oder Ängsten, die sich in konkreten Situationen zu düsteren Erwartungshaltungen verdichten. Als Fortführung unserer Seinsangst ins Zukünftige behindern sie Wahrnehmung. Sie verkleinern damit den Raum für das, was an sich möglich werden könnte. Denn die Bandbreite an Optionen tritt eben nur eingeschränkt in mein Blickfeld, wenn Ahnungen meine innere Orientierung und Ausrichtung beherrschen.

Das Menschengeschlecht kennt Ahnungen, die gleichsam aus dem Dunkel aufsteigen und die dem kollektiven Bewusstsein und dem kollektiven Unbewussten entstammen. In ihnen gerinnen die Erfahrungen, die Schicksale und die Weisheit von Epochen zu überpersönlichen Mahnzeichen. Tief ragen sie in die Gegenwart hinein. Wir alle tragen dieses Menschheitswissen und diese Menschheitserfahrungen in uns, mal bewusst, doch zumeist unbewusst. Denn jeder Mensch ist Teil des planetarischen Gedächtnisses und der grenzenlosen Weltseele.

Ahnungen vermögen aber auch, uns aus einem von Erfahrung völlig freien Raum zu berühren. Sie wehen uns gleichsam an, brechen unvermutet in das Bewusstsein ein. Wie aus einer anderen Dimension erscheinen sie uns, wie ein Fingerzeig aus der Zukunft. Man mag dies als Hinweis darauf sehen, dass es ein „Wissen" geben muss, das vor dem eigentlichen Wissen liegt, eine „Wirklichkeit" vor jener, die wir als Wirklichkeit erkennen und definieren. Jede Ahnung hat so betrachtet eine tiefere Wahrheitsebene. Diese gilt es geistig zu erspüren, mit einer sich wirklich einlassenden Zuwendung und Offenheit. Verstehen wir den Kern der Ahnung, erhalten wir Zugang zu dem Ursprungsland, das hinter den uns erscheinenden Impressionen liegt. Die Ahnung wird so zum Verbindungsbogen zwischen beiden.

Ahnungen lassen sich nicht zwingen. Sie können nicht gemacht werden. Wir erfahren sie ohne das eigene Zutun. Sie liegen zunächst im Zwielicht von Wahrheit und Klarheit, zwischen Evidenz und Metaphysik. Kennzeichnend für sie ist, dass sie mit einem Erspüren einhergehen, vergleichbar mit jener Körperwahrnehmung, die wir als sogenanntes Bauchgefühl von intuitiven Prozessen kennen. Das leibliche Empfinden mag damit zusammenhängen, dass es sich weniger um Wissens- als vielmehr um Seelenenergie handelt. In deren unendlichem Feld registrieren wir eine Schwingung, mit der wir in Resonanz gehen. Zumeist ist, unserer Seinsangst geschuldet, deren Energieform dunkel.

Wir sprechen von einer dunklen Ahnung. Es klingt ein mögliches Verhängnis mit. Doch es kann durchaus auch, unserer Sehnsucht nach Heil folgend, um den Durchbruch von Licht gehen.

Das Ahnen öffnet den Raum einer Möglichkeit, einer Wahrscheinlichkeit vielleicht sogar, aber in jedem Fall noch nicht den einer völlig unabänderbaren Wirklichkeit. Das kann im Einzelfall von großer Bedeutung sein. Denn auf das lediglich Mögliche, in gewissem Grade Wahrscheinliche oder Befürchtete oder Erhoffte, kann ich vor seinem Inkrafttreten noch Einfluss nehmen. Vielleicht ereignet es sich dann nicht oder nicht so, wie befürchtet; vielleicht ist das sogar der notwendige Impuls, um dem Ersehnten auf die Sprünge zu helfen. Die Kommunikation der Ahnung hat hier eine herausragende Bedeutung. So wie bei einer Angst verändert sich diese bereits in dem Moment, wo ich sie anspreche, erläutere und ausmale. Ab diesem Zeitpunkt steht das mit der Ahnung Verbundene als ein Bewusstsein und damit als eine eigene Wirklichkeit im Raum, mit der man arbeiten kann, auf die wir bis zu einem gewissen Grade Einfluss nehmen können.

Mystischer Lebensstil

Geläufig ist die Trennung zwischen Kampf und Kontemplation, zwischen Spiritualität und Alltagspraxis, zwischen einem mystischen Weltzugang und der Gestaltung des gesellschaftlichen und kulturellen Raumes, den wir Politik nennen. Doch das jeweils eine ist komplementärer und damit untrennbarer Teil des anderen. Beide gelangen erst im Licht des Miteinander zu wahrer Reife. Und so lässt sich sagen: Der mystische Lebensstil ist politisch in höchstem Maße! Er steht als unüberbietbares Aufbruchs- und Umkehrzeichen im nihilistischen Getriebe der Gegenwart. An ihm prallen die Obszönitäten einer macht-, haben- und egobesessenen Welt ab, in der „Sachzwänge" den Menschen unterwerfen und ihn gleichzeitig zum Anhängsel und Diener von Maschinen machen. Durch ihn beginnt „der Himmel" sich zur Erde zu öffnen, verschmelzen Transzendenz und Immanenz, Zeit und Ewigkeit. Mystik, recht verstanden, ist die gelebte Beziehung sowohl zum Raum des Transzendenten als auch zum planetarischen Leben, das uns umgibt. Sie setzt die Kraft frei, die zur Synthese aller Aktivität führt.

Das scheint nicht ohne Risiko und vor allem nicht spannungsfrei für sich entsprechend ausrichtende und lebende Menschen. Jederzeit müssen sie damit rechnen, von ihrer Mitwelt miss- oder gar nicht verstanden zu werden. Denn die innere Lebenshaltung und daraus resultierende Alltagsorientierungen und -entscheidungen werden oft dem widersprechen, was man gemeinhin als Normalität definiert. Und nur selten lässt sich dieses Unverstandensein in der Sprache des Alltags auflösen. Wem die Berührung aus dem Raum des Numinosen und Geheimnisvollen wesensfremd ist, dem bleibt wohl auch der Versuch unverständlich, dieses Berührtsein zu erklären. Er wird als Un-Sinn zur Seite schieben, was doch erst den Menschen vom kleinen Ich zum großen Selbst erhebt – nämlich die Verwiesenheit auf das Transpersonale und Transzendente.

Mystischer Lebensstil vollzieht sich als ein fortwährendes Ringen; mit der Mitwelt, mit unserem „Innenraum", mit sich selbst. Das zu bestehen, ist nicht ohne eine Grundhaltung des Loslassens denkbar; loslassen im Hinblick auf Macht und Verfügenwollen über andere; loslassen von Gewohnheiten, die der Freiheit des Augenblicks entgegenarbeiten; loslassen dessen, was sich vor die Freiheit des Geistes schieben will. Dieses Loslassen wendet sich gegen mannigfache Formen der Instrumentalisierung von Leben und Handeln. Es zeigt und beweist sich als gelebter Widerstand gegen jede instrumentelle Vernunft und daraus erwachsener Ungerechtigkeiten und lebensfeindlicher Haltungen. Ihm entspringt schließlich jene Gelassenheit, die es braucht, um die Relativität dessen zu erkennen, was die Tagesordnung dieser Welt uns als Wichtigkeiten vorzuschreiben bemüht ist.

Weisen des Erkennens

Selbstreflexion als schöpferischer Prozess

Allein die Tiefenerkenntnis durch Selbstreflexion vermag uns mit den Bruchlinien unseres Seins zu versöhnen. Sie hebt eine in der Welt verfangene und sich selbst verstümmelnde Identität zu der Gestalt, die ihrem Wesen eigen und angemessen ist. Das *Erkenne dich selbst* des Orakels zu Delphi verweist als ein Königsspunkt des philosophischen Denkens auf die Schlüsselbedeutung der Selbstreflexion für das Sein des Menschen. Man wird sogar sagen können, dass sich in der Selbstreflexion, der Selbsterkenntnis und dem damit verbundenen geistigen und seelischen Wachstum der dem Menschen als Möglichkeitswesen vorgezeichnete Weg zeigt. In Erkenntnis, Wandlung und Transformation liegt der Sinn unseres Seins; Selbsterkenntnis bildet hierfür das Fundament.

Traditionelle Wissenschaft und der analytisch-rationale Geist haben ein ganzes Universum an Detail-Erkenntnissen hervorgebracht. Doch in Bezug auf den Menschen wird dieses Wissen unverstanden bleiben, solange wir uns nicht kennen. Ohne Selbstwahrnehmung, Selbstreflexion und Selbsterkenntnis bleibt jede existenzielle Einsicht verstellt. Führen diese aber zu ihr, bewirken sie nicht nur Erhellung, sondern erweisen sich als die ordnende Kraft für Mensch und Menschheit. Es ist die Kraft, die alles Empfinden, Denken und Handeln, alles Sehnen und Hoffen unter das Licht letzter Bestimmtheit stellt.

Zur Selbsterkenntnis ganz wesentlich gehört jene Innenschau, die auch dem Verborgendsten sich nähern will. Denn nur was Innen erkannt und integriert ist, verhindert, dass es sich aus dem Unbewussten nach Außen wendet und uns dort schicksalhaft gegenüber tritt. Es lässt sich dauerhaft keine Versöhnung und kein Frieden mit anderen Menschen, anderen Kulturen, anderen Lebensformen herstellen, wenn ich im Innen nicht von mir selbst erkannt bin und den großen Schritt zur Versöhnung mit mir selbst gewagt habe. Selbsterkenntnis heißt dann, unsere Verwundungen und Verhärtungen wahrzunehmen und sich der Einsicht zu stellen, dass nur wer seine eigenen Tiefen kennengelernt und ausgelotet hat, mit denen anderer Menschen umgehen, ja sie überhaupt erst sehen kann. In dem Erkennen und in der Annahme unserer eigenen Schatten und Unzulänglichkeiten liegt die Chance zu ihrer Integration in unser Lebens- und Seinsverständnis, ja zu ihrer Wandlung.

Schon allein durch das Beobachten und das Verstehen unserer Seelenlandschaften werden diese verändert und transformiert. Zugleich bildet Selbstreflexion auch den Ausgangspunkt jeglicher bewussten Modifizierung des Denkens und Handelns. Die Selbstbeherrschung etwa ist ein Substrat der Selbsterkenntnis. An ihr wird deutlich, wie sehr Selbsterkenntnis als Selbstentwicklung und Selbsterziehung mit Kämpfen und Ringen zu tun hat. In diesem Kampf liefert jedes, auch noch das dramatischste Ereignis seinen wichtigen Beitrag. Ein solches Verständnis hat dann also wenig mit einer postmodernen *Selbstreflexion* zu tun, die sich als widersprüchliches Spiel mit unbegrenzten Möglichkeiten missversteht. Das Synonym für Mensch heißt nicht *anything goes*, sondern Wandlung und Entwicklung auf dem engen, aber wunderschönen Pfad der Weisheit.

Vom Ich zum Selbst

Was könnte im Verständnis vielfältiger und zugleich un-
schärfer sein als jenes Phantom, das ein jeder für sich ent-
wirft und macht und das er auch für alle anderen, die er
bewusst wahrnimmt, schafft. Das *Ich* ist Illusion und Fak-
tum zugleich. Es entsteht in der einzelnen Person als ständig schwankende und sich verändernde Konstruktion. Es
schafft und verändert Realität durch den Glauben an seine
Wirklichkeit und die daraus hervorgehenden Handlungen.

Die Empfindung des Ich wächst als Folge der vom
einzelnen Menschen wahrgenommenen Grenzen und Begrenzungen in einer vielfältigen und oft als unberechen-
bar erkannten Welt. Grenzvorstellungen bilden somit die
Koordinaten für Denken, Empfinden und Handeln. Sie
garantieren in Verbindung mit der Vorstellung, *Ich* zu
sein, eine gewisse Substanz, Sicherheit und Verlässlichkeit.
Selbsterkenntnis erhält in der Folge einen herausragenden
Stellenwert.

In der Selbsterkenntnis tritt ein Mensch in Beziehung
zu sich selbst und macht sich ein Bild von sich selbst. So
erkennt er sich als Körper-Ich, Wahrnehmungs-Ich, Ge-
fühls-Ich, Denk-Ich, Sprach-Ich, Verhaltens-Ich, Hand-
lungs- und Verursacher-Ich, Erlebens-Ich, soziales Ich,
Orts-Ich, geschichtliches Ich, biografisches Ich. All diese
Ebenen, ihr Erleben, die damit verbundenen Erfahrungen
und vor allem ihre Reflexion bilden die Grundlage dafür,
dass der Mensch sich und seinen Potenzialen gerecht werden kann. Aus ihnen erwächst auch erst die Fähigkeit, sich
ziel- und ergebnisorientiert im Alltag bewegen zu können.

Darüber hinaus formen sie das Fundament für die Gestaltung und Aufrechterhaltung von Beziehungen. Gerade was Beziehungsfähigkeit betrifft, wird oft übersehen, dass die Ichwahrnehmung, sei sie bewusst oder unbewusst, immer der Fremdwahrnehmung vorausgeht; und Selbstannahme und Selbstrespekt stellen die Basis dafür dar, dem Du wertschätzend und in Respekt gegenüberzutreten.

Das Ich repräsentiert somit ganz wesentliche Bestandteile der Persönlichkeit. Es sind die überwiegend bewussten Bestandteile. Sie generieren die einzige Wirklichkeit, der wir uns auch wirklich sicher sind. Das weist aber zugleich darauf hin, dass mit dem Ich nicht die ganze Persönlichkeit zu erfassen und zu erkennen ist. Denn diese beinhaltet darüber hinaus auch die unbewussten Anteile des Menschen sowie die Dimensionen des Transpersonalen, mit denen er in Berührung steht, wenn auch oft unerkannt.

Auf der Rückseite des Ich lebt das Ego. Beide haben viel gemein, sind jedoch nicht identisch. Im Ego zeigen sich die verhärteten, unreflektierten, verdrängten und vor allem die unerbittlichen und sich abgrenzenden Seiten des Ich. Es kann als Schatten des Ich gesehen werden bzw. als seine Verzerrung. Das Ego reduziert den Menschen auf sein Verlangen und auf seine Erwartungen. Für die Erfüllung beider sieht es sich jederzeit im Recht. Seine kleinen und großen Ziele versucht es entsprechend empfindungs- und rücksichtslos zu erreichen. Das Ego verletzt – andere Menschen, anderes Leben und mich selbst. Zu seinen Ausdrucksweisen gehören Unruhe, Verbissenheit, Hass, Selbsthass, Verachtung, Misstrauen, Kontrolle, Manipulation, Eifersucht, Neid, Gier, Stolz und Rechthaberei in Verbindung mit Streitsucht. Das Ego ist eng, und es engt sich und andere ein. Die Freiheit, die es zulässt, ist die Freiheit einer Lokomotive im Schienennetz. Gleichzeitig schenkt jedoch gerade diese Enge mit ihren Mustern an fixen Orientierungen und Gewohnheiten ein gewisses Maß an Sicherheit und Vertrautheit. Umso schmerzhafter ist deshalb auch jeder Versuch, Ego-Anhaftungen loszulassen bzw. zu überwinden.

Der Preis, den wir für die Einnistung im Ego zu entrichten haben, ist außerordentlich hoch. Er heißt fehlende Offenheit, fehlende Liebe, fehlendes Vertrauen. Er blockiert die Verwirklichung des tiefsten Lebenssinnes, nämlich Wachstum und Entwicklung.

Das Ich mit seinem Ego-Schatten macht zwar einen wesentlichen Teil der Persönlichkeit aus, es ist aber nicht hinreichend für ihr umfassendes Verständnis. Diesem können wir uns nur nähern, wenn wir das Selbst mit in den Fokus nehmen.

Das Selbst bezieht sich auf eine höhere Stufe des menschlichen Seins als die bei sich verbleibende Ich-Struktur. Im Selbst emanzipieren wir uns von der Ich-Verhaftung. Wir überschreiten uns, treten in Berührung mit dem Ganzen des Seins und halten uns offen für alles Überpersönliche. Das Selbst will zur Gesamtpersönlichkeit führen, indem wir unsere Ganzheit wahrnehmen und respektieren. In ihm drückt sich die universale Verbundenheit des Lebens aus.

Das Ich wird im Prozess der Selbstwerdung und Selbstverwirklichung nicht überwunden und nicht aufgelöst. Es bleibt präsent, aber es geht im Selbst auf und erkennt sich im Vorzeichen des Ganzen neu. Es spielt mit seinem praktischen Lebensbezug eine wesentliche Rolle für die Lebensbewältigung. Die Erdung des Menschen stellt es auch da noch sicher, wo er sich ganz über sich hinaus streckt in den Unendlichkeitsraum.

Auch das Ego wird nicht vollständig eliminiert. In seiner Kleinheit und Enge erkannt, hat es nun aber die Macht verloren, sich dem Sehnsuchtsruf nach Freiheit, Weite und Verwandlung entgegenzustellen. Je weiter das Selbst voranschreitet und sich öffnet, desto blasser wird der Schatten des Ego.

Das Gefühl und die Erkenntnis

Es durchzieht das Tiefenverständnis unserer Kultur, dass Wissen und Erkenntnis auf rationaler Analyse beruhen. Gefühle und Emotionen haben da keinen Platz. Sie bringen Unschärfen ins Spiel, sind sie doch mehr oder weniger beliebig und zudem äußerst schwankend. Sagt man.

Das scheint jedoch eine folgenschwere Verkennung zu sein. Denn der Mensch ist Gefühl! Es gibt keinen Moment, in dem wir nicht in einem Gefühl und einer Empfindung leben. Sie steuern unsere sinnliche Erfahrung, die wiederum den Geist erdet und ihn ans Leben bindet. Es ist somit höchste Achtsamkeit hinsichtlich unserer Gefühle und Empfindungen notwendig, wenn wir verstehen wollen, *warum* wir etwas *wie* wahrnehmen. Wer sich nicht bewusst ist, welche Gefühle in ihm leben, wie sie zustande gekommen sind und seine Person prägen, droht fortwährend Täuschungen zu erliegen. Er missachtet, was seine Wahrnehmungen und seine Gewissheiten steuert. So wird er dann all das an seinem Verhalten als rational bezeichnen und rechtfertigen, woran seine Gefühle einen ausschlaggebenden Anteil haben.

Uns dessen bewusst zu sein und die damit verbundenen Einwirkungen auf unsere Wahrnehmung zu verstehen, ist die Grundvoraussetzung für angemessene Klärungs- und Entscheidungsprozesse.

Hinsichtlich unserer Gefühle ist es zudem von herausragender Bedeutung, sie nicht nur als innere Wahrnehmungen zu sehen, *sondern als eine Erkenntnisweise*. Sie lassen mich Seiten der Wirklichkeit sehen, die vor dem Auge der rationalen Vernunft verborgen bleiben. Wer etwa frisch verliebt ist, um den herum werden Rosenblätter regnen; während unter dem Eindruck des Verlustes eines geliebten Menschen die Welt grau und unerbittlich wirkt.

Die Erkenntniskraft der Gefühle liegt in ihrem dynamischen Wesen und einer sich kontinuierlich verändernden Energie, die den Gesetzen der Resonanz folgt. Gefühle beeinflussen die Person und ihre Umwelt, und sie werden von dieser beeinflusst. Sie reichen somit über den Menschen, in dem sie momenthaft leben, immer hinaus. Das kann als Hinweis auf die Verantwortung gesehen werden, die wir für den Umgang mit Gefühlen tragen. Neuere Forschungen zu der Bedeutung von Spiegelneuronen zeigen, dass das, was wir beim anderen wahrnehmen, in uns ein Programm aktiviert, ähnlich zu empfinden. Je näher uns dieser Mensch steht bzw. je intensiver der Kontakt ist, umso intensiver zeigt sich auch die Empfindung und damit die auf den anderen bezogene Spiegelung des Verhaltens.

Aus Gefühlen und mit ihnen eröffnet sich ein Blick auf die Welt, der ständig neue Facetten offenbart. Es sind die Gefühle, die den Menschen ins Herz des Lebens führen und ihn Leben spüren lassen. Freude, Leid, Trauer, Begeisterung, Melancholie, Liebe, Hass, Zuneigung, Abneigung, Wut, Erhabenheit, Furcht, Wohlbefinden, Ekel, Scham, Reue – jedes dieser Gefühle verändert die Wahrnehmung und wirkt wie ein Filter für äußere und innere Vorgänge. Jedes dieser Gefühle beeinflusst meine leiblich-seelisch-geistige Verfassung und meine Beziehung zur Mitwelt. Die Folgen reichen bis tief in unsere Handlungen hinein.

Was etwa treibt mich dazu, etwas zu tun? Waren es rein äußere, sachbedingte Impulse? War es eine überzeugende Idee mit den in ihr ruhenden Möglichkeiten? War es ein positives oder negatives Gefühl, verbunden mit einer Druck- oder Stresssituation? Waren es auf mich abstrahlende Gefühle eines anderen? Oder war es eine spezifische Mischung aus allem?

Und so ist es bedeutsam, sich den Gefühlen zu stellen und in sie einzutauchen, ohne sich von ihnen vollständig vereinnahmen zu lassen. Möglich wird das durch die Haltung der Zeugenschaft, also einer gegenwärtigen, unverstellten und unverfangenen Aufmerksamkeit und Achtsamkeit. Sie beobachtet und identifiziert nicht nur die eigenen Gefühle; sie hilft dabei, der Regung zu widerstehen, jedes dieser Gefühle immer unmittelbar ausdrücken zu wollen. Eine wache und liebevolle Zuwendung zu meinen Gedanken, ein möglichst vorurteilsfreier Blick auf das Gegenüber, auf die Situation und auf mich selbst helfen dabei. So können Urteile auf dem Erkenntnisweg behutsam entstehen.

Der Eros des Erkennens

Philosophie spricht von Liebe – philia, und zwar der Liebe zur Weisheit – sophia. Es ist eine geistige Liebe, wie sie auch zwischen Menschen als tiefe innere, manchmal spirituelle Verbundenheit bestehen kann, ohne dass sie ein körperliches Begehren miteinschließt.

Eros, in der griechischen Mythologie der Gott der Liebe, fokussiert in übertragener Bedeutung demgegenüber auch auf das Sinnliche. Anziehungskraft tritt ins Spiel und ein leidenschaftliches Sich-Zubewegen auf das, was zieht.

Erkennen als Prozess nun vermag genau mit jener Kraft und einer entsprechenden Leidenschaft verbunden sein. Denn wenn es einen tieferen Sinn des Menschseins gibt, zielt dieser neben Liebe und Verbundenheit auf Erkenntnis und geistiges Wachstum.

Alles im Verlauf der Menschheitsgeschichte, das zu Aufbrüchen, neuen Orientierungen und großen Wandlungsprozessen führte, ist ursächlich mit dem Aufkommen und Voranschreiten von Geist und Erkenntnis verbunden. Im Entwicklungsniveau beider spiegelt sich der Zustand des Menschen auf den verschiedenen Seinsebenen – kulturelle Unterschiede eingeschlossen. Die geistige Entwicklung und eine damit verbundene Vertiefung unserer Erkenntnis bilden somit auch das Ferment für den anstehenden gewaltigen Wandel hin zu einem Menschen und einer Menschheit, die mit dem Leben versöhnt sind und ihm liebevoll dienen. Unser Überleben hängt an dieser universalen Bewusstheit und einem Ausfluss in lebensdienliches Handeln. Stärker könnte doch ein Antrieb wohl kaum sein, wenn ich mich nicht auf ein Bedürfniswesen und entsprechend vegetative Vollzüge reduzieren will.

Ähnlich wie *Geist* ist der Begriff *Erkenntnis* so umfassend, dass er kaum definiert werden kann, ohne auf sich selbst Bezug zu nehmen. Er hat mit Verstand genauso zu tun wie mit Vernunft, Wissen, Erfahrung, Gefühl, Glauben, Einsicht, Ahnung oder Vermutung. In den vergangenen Jahrhunderten setzten sich allerdings in westlicher Gesellschaft und Wissenschaft ein Erkenntnis- und in der Folge Vernunftverständnis durch, die wesentlich vom analytischen und sogenannt rationalen Geist durchdrungen sind. Die Folgen dieser drastischen Verengung für die Wahrnehmung und Gestaltung von Welt sind bekannt.

Die gesamte sogenannte Wirklichkeit, wie der Mensch sie wahrzunehmen in der Lage ist, repräsentiert in gewissem Sinne Geist, Bewusstsein und Erfahrung. Dieses *kosmische Bewusstsein* setzt sich aus unzähligen Spuren und Elementen zusammen. Wollen wir diese für das Erkennen zugänglich machen, sollten die gewählten Erkenntniswege selbst entsprechend vielfältig sein. Das schließt transrationale Zugänge wie Schau, Intuition und Offenbarung mit ein. Erkenntnis in diesem Sinne setzt also ein Bemühen voraus, Geist, Leib, Psyche, Seele, Bios, Kosmos und Transzendenz als Integral zu verstehen. Die „Dinge" müssen eine Chance erhalten, zu sprechen und auf ihre eigene Weise zu sagen, was sie sind. Und wir müssen lernen, mit entsprechender Hingabe zu hören …

Die Welt, wie wir sie bislang verstanden, haben wir vor allem durch ihre äußeren Erscheinungen wahrgenommen. Entsprechend reduziert zeigt sich in der Folge das Wirklichkeitsverständnis. Das Innen und die Innenseiten wollen nun entdeckt werden und damit der Zugang zum Wesen der Dinge. Dieser Weg führt uns zu uns selbst. Denn das Innere, das wir erleben und erkunden können, ist als erstes immer das eigene. Von dem Grundgedanken her kommend, dass dieses Innere auch ein Spiegel des Kosmos ist, gewährt sich so ein erstes Verstehen des Ganzen über tiefe Selbstwahrnehmung und Selbstverstehen.

Was gehört an Augen der Erkenntnis zu dieser Innenschau?

Sicher stehen Denken und rationales Bewusstsein im Vordergrund. Ihre Nahrung erhalten sie jedoch auch durch Fühlen, sinnliche Erfahrung, Wollen, Wünschen, Sehnen, Fürchten, Ahnen, Träumen – und Glauben. Die Empfindungskräfte wie Liebe, Trauer, Leid, Hoffnung, Verzweiflung und Freude sind so als eigene Kräfte im Prozess des Erkennens zu sehen. Eine solche integrale Erkenntnis führt die unterschiedlichsten Gaben, Charismen und Weltzugänge zusammen und befreit sie füreinander.

Die Freiheit, auf der ein integraler Erkenntnisbegriff und eine integrale Weltzuwendung beruhen, schließt die Respektierung der Tatsache ein, dass einzelne Menschen und auch ganze Kulturen sich auf unterschiedlichsten Niveaus von Wissen, Erfahrung und Erkenntnis und den jeweiligen Wegen, diese zu erlangen, befinden. Sich vollziehende Bewusstseinssprünge im energetischen Feld der Menschheit werden deshalb nie alle Menschen und Kulturen zeitgleich und in gleicher Weise erreichen. Um so bedeutender ist jeder Schritt eines einzelnen Menschen. Er will, über das Eigene hinausgehend, auch als Impuls für andere gesehen werden. Das gilt nicht nur im Hinblick auf den sozialen Nahbereich, sondern ist ein unverzichtbarer Beitrag zur Verfeinerung des geistigen Feldes, das die gesamte planetarische Gemeinschaft durchdringt und umhüllt.

Ich will verstehen ...

Empathie ist eine besondere Wahrnehmungsweise. Sie hebt in das Bewusstsein, was Menschen verbindet, und sie aktiviert diese Verbindung. Vorsichtig tastend bewegt sie sich zwischen Nähe und Distanz, Fremd- und Selbstwahrnehmung, Ich- und Wir-Verständnis. Umschreiben lässt sich diese behutsame Bewegung als Zeugenschaft. Als Zeuge bin ich zunächst nicht an einer auf den Anderen gerichteten Problemlösung beteiligt. Vielmehr suche ich die unmittelbare Begegnung mit dem, was das Du berührt. Das macht die Empathie unterscheidbar vom Mitleid. Die fremde Empfindung, die ein Mensch einfühlsam wahrnimmt, darf nicht zu seiner eigenen werden, wenn er eine Situation und die Anteile anderer Menschen daran verstehen und in der Folge angemessen darauf reagieren will. Werden fremde zu eigenen Gefühlen, löst sich die für die Zeugenschaft unverzichtbare Beobachterperspektive auf. Die Koordinaten verschieben sich hin zu Sympathie oder Antipathie. Die Kunst der Empathie besteht jedoch darin, zunächst zu verstehen, ohne das Verstandene sogleich zu rechtfertigen, zu entschuldigen oder es zu verurteilen. Dazu gehört auch ein Verstehen, das die Unterscheidung in Opfer und Täter, wenn solche Rollen unmissverständlich bestehen, nicht aufhebt.

226

Der Versöhnungsprozess im Südafrika der Post-Apartheid-Ära unter Nelson Mandela und Bischof Desmond Tutu kann hierfür als historisch herausragendes und gelungenes Beispiel gesehen werden. Dieses Beispiel zeigt auch, dass bei aller Verhärtung und einer über Generationen gewachsenen Abgrenzung empathische Prozesse und empathisches Verhalten lernbar sind.

Das einfühlende Verstehen, das wir Empathie nennen, setzt die Bereitschaft zur Ausrichtung auf das Gegenüber, und es setzt Empfänglichkeit voraus. Es lebt von der aufrichtigen Bereitschaft, das zunächst möglicherweise Fremde, Ungewohnte und auch Unverständliche trotzdem verstehen zu wollen. Es erfordert die Fähigkeit, zwischen Fühlen, Denken und Analysieren permanent zu wechseln. Dadurch werden dann Bedeutungs- und Verhaltensmuster des Gegenübers transparenter. Bevor ich allerdings in der Lage bin, die Erlebnisse, Gefühle und das Selbstbild des Anderen zu verstehen, muss ich mich selbst erkannt und verstanden haben. Nur so beuge ich Überlagerungen, Projektionen und blinden Flecken so weit wie möglich vor und lerne die Gründe zu verstehen, wenn eigene Emotionen das Fremdverstehen blockieren. Die Reflexion darüber, was mein eigenes Wahrnehmen bestimmt, gehört zu diesem Vorgang des Selbstverstehens und damit auch des Fremdverstehens. Denn es sind die Schleusen der Wahrnehmungen, die wesentlich kontrollieren, inwieweit Freude und Schmerz des anderen uns erreichen. So wirken persönliche Schmerzerfahrungen, die auf negativen Wahrnehmungen beruhen, als Filter, wenn mir Ähnliches beim anderen begegnet. Unbewusst gesteuerte Sinne agieren dann als innerer Schutzmechanismus zur Abwehr von Schmerz und Leid. Sie werden auf diese Weise zu konsequenten Gatekeepern der Wirklichkeit.

Denknotwendigkeit

Wer sich den Blick in das großartige Wunder der Entstehung und Entwicklung des Lebens auf der Erde nicht versagt, kann nur zu dem Schluss kommen, dass alles Leben heilig ist. Es erscheint dabei nicht relevant, ob diese Empfindung naturwissenschaftlicher Beobachtung oder ehrfurchtsvollem Staunen entspringt. Idealerweise gehört beides ja auch zusammen, wie vor allem Albert Einstein nicht müde wurde, zu betonen. Ethik, also das rechte und angemessene Tun, folgt der Einsicht in die Außerordentlichkeit und zugleich Schutzbedürftigkeit der Lebensprozesse auf den unterschiedlichsten Ebenen und Linien des Seins. Doch wie gelangt der Mensch zu dieser Einsicht? Wie erschließt sie sich ihm, wenn die liebende Zuwendung nicht in ihm lebt und er sich jegliche „weltfremde Sentimentalität" verbittet, die in Vorschriften mündet?

Dies war eine entscheidende Frage auch für den Begründer der Lebensethik, Albert Schweitzer. Nicht religiöse Orientierungen oder Gefühle sollten Ausgangspunkt für das Ethische sein – denn beide sind im Letzten zu subjektiv und beliebig. Gefühle kommen und gehen, sie unterliegen keinen aus der Vernunft ableitbaren zeitunabhängigen Notwendigkeiten, und sie überlagern so möglicherweise das angemessene Erkennen und Handeln. Schweitzer setzte deshalb auf eine im Denken und Erkennen begründete Vernunft. In deren Folge, viel mehr also, als allein aus sich selbst heraus, können sich dann die Liebeskräfte des Herzens durch Einsicht bilden. Sie führen zur Grundlegung des Ethischen.

Somit entsteht in dieser Sichtweise Ethik durch die Notwendigkeit, sich denkend mit der Wirklichkeit auseinanderzusetzen. Dabei wird die *Ehrfurcht vor der Wahrheit* über alles gestellt. „Ethisch werden heißt wahrhaft denkend werden", legt Schweitzer als Grundstein für alle Zukünftigkeit. Das unterscheidet eine vernunftgemäße Ethik von lebensdienlichen Handlungen, die sich rein situativ, gesteuert durch Gefühle, ergeben. Auch wenn die Lebensethik an die Gefühle des Menschen appelliert, ja diese zu orientieren vermag, im Letzten muss das denkend Erkannte zu ethischem Handeln genügen. Nur das denkend Erkannte vermag sich kraftvoll, selbst in emotional erkalteten Zeiten, zu positionieren; nur dieses erweist sich stärker als die Macht sogenannter Verhältnisse.

Die Natur kennt keine, und sie braucht keine Ethik. Sie folgt den Gesetzen, die sie werden lassen und die ihr immanent sind. Es ist demgegenüber nicht nur das außerordentliche Privileg des Menschen, den Willen zum Leben, der sich in allem Sein und allen Lebensformen ausdrückt, denkend zu erkennen und sich so in klarem Bewusstsein selbst zu erfahren. Es ist auch seine Verpflichtung. Denn er verletzt in dramatischer Weise die Gesetze des Lebens, bringt die hochsensiblen Fließgleichgewichte biologischer und biochemischer Prozesse aus dem Lot und lässt sie kollabieren.

Im denkenden Erkennen kann sich der eigene Wille zum Leben bewusst entwickeln, verfeinern und dann auch auf alle Lebensformen und Lebensprozesse übertragen. Nun bin ich nicht nur in der Lage, besser zu verstehen, was mein eigenes Leben prägt. Vielmehr wandelt sich das Verhältnis zum Leben an sich. Was ihm zu dienen vermag, wird in der Folge zum Tun hin befreit.

Der durch nichts zu ersetzenden Bedeutung von Denken und Erkennen sollte man jedoch noch einen Zusatz widmen. So spricht einiges dafür, dass wer sich in ihnen erschöpft, in Pessimismus oder Zynismus landet. Denn das Erkennen zeigt eben auch die unglaubliche Blindheit und Erkenntnisverweigerung so unendlich vieler, gerade auch für die Entwicklungen auf der Erde maßgeblicher Menschen. Und so kann nur jenes denkend erlangte Erkennen segensvoll werden, das ins unbedingte persönliche Wollen führt und eine darauf sich gründende tätige Hoffnung. Diese Hoffnung geht aus einer Innerlichkeit hervor, deren Fundamente in Größerem ruhen als dem äußeren Geschehen der Welt. Wir sprechen von dem, was uns nährt und uns immer wieder spüren lässt, trotz aller Ernüchterung, nicht alleine, sondern in einem unsichtbaren Feld getragen zu sein. Es ist das, was aus einer zunächst nur als notwendig erkannten zu einer tätigen Ethik führt.

Wenn sich die im Denken erschließende Ethik durch angemessene Tat mit Liebe verbündet, führt sie in das Einswerden mit dem Sein an sich. Darin liegt ihr tiefenkultureller, ja spiritueller Charakter.

Denken sprengt alles

Aus der Kraft des Geistigen geben wir uns selbst die Freiheit, das zu werden, was an Möglichkeiten in uns ruht. Mit der Wahrnehmung dieser Freiheit treten wir ein in das utopische und visionäre Denken. So nehmen wir das Zukünftige gedanklich vorweg. Der Gedanke allein schon führt zur Wandlung und Verwandlung. Gedanken schaffen Wirklichkeit, stellen wirkende Tatsachen her. Was andererseits nicht erkannt und durchdacht oder zumindest bewusst ersehnt ist, geht als Möglichkeit entweder verloren oder es muss auf dem Weg zu seiner Verwirklichung physisch und psychisch durchlitten werden. Das lehrt unsere Vergangenheit.

Die Energie des visionären Denkens bewirkt die notwendige Erweiterung unseres Bewusstseins: der Person, der Kultur, der Spiritualität und der Politik. Sie allein vermag die Menschheit schließlich vom Ich zum Du und zum Wir zu führen; vom kleinen Kollektiv zur planetarischen Gemeinschaft; und über die Nächstenliebe auch zur Fernstenliebe. Als Leitstern steht eine Erde, in der das Leben – und der Mensch nun inbegriffen – sich in Harmonie mit sich selbst befindet.

Die Feststellung von Karl Marx, dass das Sein das Bewusstsein präge, hat ihre Gültigkeit zwar nicht verloren. Doch gilt eben auch der Umkehrschluss, dass die Kräfte des Bewusstseins das Sein gestalten und verändern können. Das Denken führt in die Bewältigung des Gegebenen und Gewordenen. Und es führt weit darüber hinaus, wenn wir die jahrhundertealten Fesseln abstreifen, mit denen es sich lähmt. Eine neue und größere Wahrheit von Leben und Menschsein zieht uns. Sie steht in untrennbarer Einheit mit der Sehnsucht nach Vollendung. Heute äußert sich diese Sehnsucht nicht nur in die Richtung einer äußeren Verwandlung der Welt, sondern auch als ein tiefes metaphysisches und spirituelles Bedürfnis, als der Wunsch, die *Dinge* von der Erlösung her zu betrachten. Die Worte von dem Mitbegründer der kritischen Theorie, Theodor W. Adorno, aus der Nachkriegszeit, klingen da geradezu atemberaubend aktuell:

„Erkenntnis hat kein Licht, als das von der Erlösung her auf die Welt scheint: alles andere erschöpft sich in der Nachkonstruktion und bleibt ein Stück Technik. Perspektiven müßten hergestellt werden, in denen die Welt ähnlich sich versetzt, verfremdet, ihre Risse und Schründe offenbart, wie sie einmal als bedürftig und entstellt im messianischen Lichte daliegen wird. Ohne Willkür und Gewalt, ganz aus der Fühlung mit den Gegenständen heraus solche Perspektiven zu gewinnen, darauf alleine kommt es dem Denken an."[13]

Für diese Neuentdeckung und Neuerkundung des Denkens benötigen wir eine bislang so nicht gekannte Mischung aus intellektueller Offenheit, empathischer Weltwahrnehmung, spiritueller Beheimatung und visionärer Kraft.

Zum eigenen Denken zu finden und zum eigenen Erkennen, stellt die eine Seite des inneren Wachstums dar. Das Erkennen ins tätige Leben zu führen aber macht das Werden erst ganz. Das Verhalten stützt und schützt die Idee. Im Tun und nicht nur im inneren Durchleben werden Ahnungen zur Gewissheit und Zweifel zur neuen Chance.

Diese Arbeit des Menschen an sich selbst ist die Revolte gegen ein Sein, dessen Mangel sich auch in der einzelnen Person und ihrem Leben ausdrückt. Diese Auflehnung zieht ihre Begründung aus sich selbst, als Grundsatz der Würde eines sich als frei und zur Entwicklung befreit verstehenden Menschen. Selbstverständlichkeiten stellt sie immer wieder in Frage, hält ihnen gegenüber Wahlmöglichkeiten im Spiel. Sie verneint eine sich in ihre Mächtigkeit ergebende Gegenwart zugunsten einer Zukunft, die sich als experimentell versteht. Ja manchmal vertraut sie sogar einer bloßen Idee …

Das Sehen und die Schau

In dem, was wir Natur nennen, scheint alles und ist alles miteinander verbunden. Als Außen und Innen zugleich finden auch wir Menschen in diesem universalen Lebensnetz unseren Platz. Und doch empfinden wir uns zumeist als ein „Gegenüber" und sprechen von Um- statt von Mitwelt. Es mag da schon eine Frage wert sein, warum wir unser Bewusstsein in der Trennung halten und nicht die Nähe suchen. Denn dann wüssten wir in jeder Situation, in der uns Weltfremdheit und Einsamkeit befällt, dass wir nicht, ja niemals alleine sind. Es reicht die Nähe eines Baumes, der uns im Wesen doch so ähnlich ist. Tief verwurzelt, ganz Erde, nimmt er Nahrung auf, die der Boden spendet. Und gleichzeitig erhebt er sich zum Himmel, trinkt den Nektar der Wolken und streckt sich zum fließenden Licht, ohne das er nicht sein kann und einginge. Jeder Baum ist als

Bruder des Menschen ein Wunder. Er kann uns Lehrmeister für alles Zukünftige sein. Und wir verfügen über das außerordentliche Privileg, dies wahrnehmen, ja spüren und fühlen zu können.

Es scheint mir nicht selbstverständlich, so wahrnehmen und sehen zu dürfen wie der Mensch, auch wenn er normalerweise auf das nur äußerlich Sichtbare verwiesen ist. Habe ich das aber verstanden, dieses Privileg, ein Sehender zu sein, kommt als drängende Folgefrage sofort, ob wir vielleicht auch „gesehen" werden. Francois Cheng schreibt in seinen „Sieben Briefe an eine wiedergefundene Freundin": „Ja, wir müssen demütig genug sein, um zu erkennen, dass alles, das Sichtbare und das Unsichtbare, von JEMANDEM gesehen und gewusst wird, der uns nicht gegenüber, sondern an der Quelle steht. Nur wer das vollkommene Sehen besitzt, erfreut sich wahrhaftigen Wissens und wahrhaftiger Macht."[14]

Was nun setzt eine Annäherung an jenes Sehen voraus, und was heißt das in der Folge für die Richtung unserer Wahrnehmung?

Es geht darum, das Leben – unterschiedslos – in seinem Verwirklichungsdrang sehen und verstehen zu lernen; uns selber sehen und verstehen lernen als „Leben, das leben will, inmitten von Leben, das leben will" (Albert Schweitzer); das Unsichtbare sehen – oder besser: schauen lernen in kontemplativer Haltung; indem wir immer wieder den Raum der Stille betreten, der tiefen inneren Stille, die hinter der vordergründigen Lärmlosigkeit liegt. Hier öffnet sich das innere Auge der universalen Verbundenheit jenseits aller Worte. Schließlich erwartet uns, in die Quelle selbst einzutauchen – die Quelle fließenden Werdens, Vergehens und Verwandelns, die Quelle fließender Ewigkeit.

Das liegt als Möglichkeitsraum vor uns. Es ist die Zukunft des neuen Menschen, der eines fernen Tages dem vergehenden alten Adam und der alten Eva der Gegenwart folgen wird.

Getragen vom Strom der Weisheit

Aus welchem Reservoir schöpfen wir, wenn wir nach Antworten auf die Frage suchen, wohin wir wollen? Es ist das Meer, der unendliche Ozean der Weisheit. Alles ruht ausgesprochen und unausgesprochen in ihr.

Im biblischen Buch *Sprüche* (8,22–31) steht geschrieben:

> *Bevor die Welt geschaffen wurde, war ich da. Ich, die heilige Weisheit.*
> *Ich war da von Anfang an, von Ewigkeit zu Ewigkeit …*
> *Ich, die Mutter alles Lebendigen. Ich bin die Mutter des Gottes …*
> *Wohl denen, die in meinen Wegen wandeln!*
> *Wer mich findet, der findet das Leben, wer an mir vorübergeht,*
> *der verletzt seine Seele. Alle, die mich hassen, lieben den Tod."*

Weisheit ist der Nordstern, der auch in dunkler Nacht die Richtung vorgibt. Sie lebt nicht als ein Bestand im

Menschen. Vielmehr stellt sich der bewusste und von Sehnsucht erfüllte Mensch in ihren überzeitlichen Strom. Er führt die Weisheitsenergie immer wieder neu in die Herausforderungen sich wandelnder Gegebenheiten auf der Erde, ohne dass dadurch die Essenz des Weisheitlichen verändert würde. So wird sie zum letzten Halt, der immer verbleibt, Fels in der Brandung.

Weisheit schenkt uns einen überzeitlichen, tiefenkulturellen und evolutionären Blick. Sie führt in die Gelassenheit aus der Vogelperspektive. Mit ihren Augen prüfen wir anstehende Entscheidungen, dringlich scheinende Kurskorrekturen und auch notwendige Einordnungen und Urteile, was das Geschehen in der Welt anbelangt. Was zeichnet sie dabei aus?

Es handelt sich um eine besondere Weise des Empfindens, des Erkennens und Verstehens von Welt. Mit den Inhalten und kulturellen Dimensionen der großen Weisheitslehren, wie wir sie formuliert in den religiösen Schriften und philosophischen Meisterwerken finden, präsentiert sich eine umfassende Sicht auf das Sein, Werden und Vergehen von Mensch und Kosmos. Es ist dabei die Grundlegung und Autorität zum Teil jahrtausendealter Überlieferungen, die diesen souveränen Blick ermöglichen. Damit der Mensch nicht vorzeitig an den Bedingungen scheitere, die ihn umgeben, stellt ihn die Weisheit also in die notwendige Distanz zu der Verfangenheit im Moment und zu den Wahrnehmungsbegrenzungen, die in der Situation liegen.

Der gewaltige Bogen der Weisheit umfasst Immanenz und Transzendenz, Erde und Himmel, Zeit und Ewigkeit. Trotz aller kulturellen Unterschiedlichkeit in unserer Welt ruht dieser Bogen auf den Säulen der Tugenden, die für Gutheit und Lebensdienlichkeit des Handelns stehen. Wir können also nicht von Weisheit und der mit ihr verbundenen Erkenntnis sprechen, ohne dass die Tugenden zugleich mitbedacht sind. Weisheit kann damit selbst als *die* übergeordnete Tugend gesehen werden, die alle Einzeltugenden in sich vereinigt.

Manchmal behutsam, ein anderes Mal schmerzhaft bis nahe zum Tode, lehrt die Weisheit, dass die Verfehlungen und das Scheitern des Menschen auf fehlende Einsicht, fehlende Erkenntnis, mangelndes Wissen und fehlendes Einfühlungsvermögen zurückgeführt werden können. Nur mit der in der Weisheit ruhenden Erkenntnis können wir unserem evolutionärem Entwicklungsanspruch gerecht werden.

Die herausragende Bedeutung, die der Weisheit für das menschliche Sein zugebilligt werden kann, hat sie in den verschiedensten Traditionen auf unserer Erde seit je in eine Sonderrolle gehoben. Im asiatischen Kulturraum stützen sich vor allem der Hinduismus, der Buddhismus und der Taoismus auf die alles überstrahlende Relevanz entsprechender Erkenntnis. Für die Hemisphäre der abrahamitischen Offenbarungsreligionen Judentum, Christentum und Islam kann diese Sonderposition der Weisheit gleichfalls reklamiert werden. Zu denken ist etwa an die Stellen in der hebräischen Bibel, dem so genannten Alten Testament, in der die heilige Weisheit als Gottes Erstling vor aller Schöpfung dargestellt wird, wie dies im obigen Zitat aus dem Buch *Sprüche* zum Ausdruck kommt. Oder führen wir uns die Wesensähnlichkeit von Heiliger Weisheit und Heiligem Geist vor Augen. Nach neutestamentlicher

Auffassung ist Jesus Christus die Person gewordene Weisheit des Göttlichen, was in der Aussage mündet, dass er denjenigen verkörpert, „in welchem verborgen liegen alle Schätze der Weisheit und Erkenntnis". (Kolosser 2,3) Auch der Koran ist gefüllt mit Weisheitsimpulsen und den entsprechenden Ermahnungen zu einem in der Weisheit und damit der Gottgefälligkeit stehenden Leben.

Die *Weisheit* umfasst Alpha und Omega, die Quelle und Vollendung zugleich. Wenn die Menschheit das anstehende *Hindurch* bewältigen will, dem Pfeil aus der Zukunft folgend, der uns den Weg zur wahren Menschwerdung zeigt, dann wird dies nur in einem von Weisheit erfüllten Sein denkbar und möglich sein. Das mag verdeutlichen, welche Herkulesaufgabe vor uns liegt und in welchen Zeitdimensionen wir dabei wohl rechnen müssen. Ein Zurück gibt es nicht, genau so wenig wie eine Rettung der alten, uns vertrauten Welt. Aber immerhin: Alles ist im Raum der Weisheit immer schon da. Es will nur erkannt, ergriffen und zu Leben geformt werden.

Geist und Universum

Seit den Anfängen des Philosophierens und Theologisierens wird die Menschheit von der Frage bewegt, welcher Platz ihr denn unter dem Sternenzelt zukomme. Kreist die Sonne um die vom Menschen bewohnte Erde, ja kreist nicht alles um uns? Kann es dann anders sein, als dass Mensch und Erde das Zentrum des Universums schlechthin bilden? Bekanntermaßen hat die Antwort auf diese Frage prominente

Opfer gekostet. Heute lehren uns Astronomie und Astrophysik, dass die Sonne zwar im Zentrum unseres Sonnensystems liegt, es aber keinen räumlichen Mittelpunkt des gesamten Universums gibt, allenfalls einen zeitlichen, den Urknall. Von daher macht es auch wenig Sinn, davon zu sprechen, ein Planet läge am Rande oder in der Mitte. Allerdings kann jeder Beobachter von seiner Position aus für sich in Anspruch nehmen, im Mittelpunkt des Ganzen zu stehen, ist von ihm aus doch der sichtbare und unsichtbare Horizont in jede Richtung gleich weit entfernt.

Spannender als diese im Raumzeitlichen verbleibende Frage ist allerdings jene, die nach der Bedeutung des Menschen und seines Bewusstseins in Bezug auf das Ganze fragt. Die neue Qualität, die mit dem Menschen im Reigen des Lebens auftritt, kann als Mutation in eine neue Ordnung gesehen werden. Nun breiten sich Geist und ein Erkennen aus, das sich dem Ganzen verstehend zuwendet und es geistig durchdringen will. Das Universum hat im menschlichen Nervensystem und seinen Entwicklungsmöglichkeiten seine Selbsterkenntnis und sein Selbstverständnis erschaffen. Der Mensch und seine Seele sind nun nicht mehr getrennt von Erde und Kosmos zu denken. Vielmehr sind beide, Mensch und Kosmos wesenseins. Das menschliche Bewusstsein wird zu dem des natürlichen und naturhaften Universums. Deshalb können wir womöglich sagen, dass der Kosmos im menschlichen Bewusstsein zu sich selbst kommt, sich in einem geistigen Spiegel betrachten kann. So erhält die Evolution mit dem Menschen einen fortgeschrittenen, wenn auch vermutlich noch nicht allerletzten Sinn. Das mag verdeutlichen, welch außerordentliche Stellung der Entwicklung unserer inneren Vermögen zukommt. Das betrifft den Geist, aber auch das Erfühlen und Erspüren, die empathische Wahrnehmung des Lebensstromes mit seinen unzähligen Hervorbringungen an Gestalten, Formen, Gefühlen, Sehnsüchten und Strebungen. Sie alle haben ihren auf Erkenntnis und Verfeinerung zielenden Auftrag innerhalb des Werdens und der Wandlungen des Kosmos. Wir sind eben nicht nur für uns selber da, wir erfüllen einen Dienst am Ganzen!

Dieses Ganze stellt sich unserer Wahrnehmung, unserem Erforschen und Begreifen als Einheit des Absoluten in unzähliger Vielgestalt dar. Es lebt in allem Seienden. Liebe in all ihren Erscheinungsweisen hält es zusammen und führt in seine immer neuen Formen und Gestalten.

So lässt sich der Kosmos als eine gewaltige Bühne sehen, auf der sich der göttliche Reigen als Schauspiel in unzähligen Rollen, Kostümen, Kulissen und Verwandlungen vollzieht. Alles hat in dieser Aufführung seinen Platz und seine Bedeutung für das Gelingen. Das Niedere ist Teil des Höheren. Widersprüche und Widersachergestalten trennen nicht, verweisen vielmehr auf die große Einheit, die sich als Zusammenfall und Zusammenwirken des Unterschiedlichsten offenbart, als „Coincidentia Oppositorum". Es ruht jenseits der menschlichen Klassifizierungen und damit auch jenseits von Gut und Böse. Deshalb ist nicht nur nichts und niemand auf dieser Bühne jemals vom Ganzen und von dem sogenannten Absoluten getrennt, sondern zugleich immer auch Mitwirkender. Davon spricht die Betonung der Mitgestaltungsrolle des Menschen am göttlichen Plan und am Werden des Göttlichen selbst.

Durchbruchsenergie – die Intuition

Wo Denken und Grübeln an ihre Grenzen stoßen, wartet die Intuition, um einem verstockten und sich selbst im Wege stehenden Geist unter die Arme zu greifen. Sie ist die wohl unmittelbarste und stärkste Erkenntniskraft.

Jeder Mensch kennt Intuition als *gefühltes* Wissen, als den Geistesblitz, das Aha-Erlebnis, das diffuse und doch unmissverständliche Bauchgefühl. Was dadurch geboren oder angestoßen wird, bedarf keiner Begründung durch die sogenannte Ratio. Es basiert auf Vertrauen. Zugleich scheitern wir daran, hinreichend zu erklären, was das denn sei, diese Regung, und woher sie komme.

Neben unbewussten Spuren integriert die Intuition zielgerichtet geistige und sinnliche Prozesse. Sie verdichtet diese sprunghaft zu einer Eingebung, die Klarheit und eine Orientierung schenkt und zur Handlung drängt. Intuition wächst in der Befreiung von einem Geschehen, das in Routinen erstickt und mechanisiert abläuft. Sie steht in der zeitlichen Spannung zwischen "schon jetzt" und "noch nicht". Dabei setzt sie spezifische Energien und emotionale Zustände frei. Der Stress fällt ab, in einer ausweglosen oder verstrickten Situation zu sein.

In der Intuition wird ein neues Bild der Wirklichkeit geboren. Es zeigt sich vor unserem inneren Auge, als wäre eine Tür aufgestoßen, die den Blick freigibt in einen zwar schon immer vorhandenen, aber erst jetzt entdeckten Raum. Alte Erfahrungen sowie Denk- und Verhaltensmuster fügen sich mit bislang unbekannten Impressionen zu einem neuen Ganzen zusammen.

In der Intuition begegnen wir keinem analytischen oder diskursiven Denken, es wird auch nicht bloß ein Gefühl emporgespült. Vielmehr entsteht in einem komplexen Akt der Koordination aus einzelnen bewussten und unbewussten Erkenntniselementen ein neues Ganzes, eine neue Wissensgestalt. Diese fällt uns zu, oder besser, wird uns geschenkt, ohne dass wir den Weg nachzeichnen können, den sie ging. Wer sich durch Intuition bereichern lassen möchte, sollte eine gewisse Unbefangenheit und das unschuldige Staunen nicht verlernt haben. Denn es geht darum, eine Gewissheit zu akzeptieren, die sich der Frage nach ihrem Woher entzieht.

Aus welchen Quellen nun schöpft die Intuition? Sie greift auf alles zurück, was geistig und energetisch im Menschen und in seinem lebendigen Umfeld ruht, die Übertragung von Gedanken und Gefühlen selbstredend nicht ausgeschlossen. Ihr dienen das biografische und das Leibgedächtnis genauso wie das universale Menschheitsgedächtnis. Sie stellt die Verbindung her zwischen Bewusstsein und Unterbewusstem – die Botschaft der Träume und den Schatz der Archetypen inbegriffen.

Vor allem das Leibgedächtnis des Menschen verdient hier besondere Beachtung. Im Alltagsverständnis reduzieren wir Gedächtnis und Gehirn ja gerne auf unser Kopfgehirn. Doch von nicht minderer Bedeutung ist dessen Abbild, das im Bauch des Menschen lebt und wirkt. Es besteht aus nahezu 100 Millionen Nervenzellen, steuert psychische Prozesse wie Freude und Leid. Es fühlt und hält eine kontinuierliche Kommunikation mit dem Kopfhirn von unten nach oben aufrecht. Seine Emotions-Gedächtnisbank

beinhaltet Erinnerungen aus dem gesamten Leben, die prä-
natale Phase inbegriffen. Das so genannte „Bauchgefühl"
und die „Weisheit des Bauches" erhalten damit einen neuen
Sinn.

Das intuitive Geschehen durchbricht die bisherigen
Muster des Denkens und der Wahrnehmung. Dazu benötigt es Spielraum und innere Freiheit. Denn es sind die aus-
getretenen inneren Wege und gedanklichen Verhaftungen
genau wie die unhinterfragten und festgefahrenen äußeren
Gewohnheiten, die Überraschungen und neuen Orientierungen entgegenstehen. Vergleichbar blockierend wirken
Tabus und Verbote. Sie führen genau wie Angst und Stress
zu einschneidenden Begrenzungen nicht nur der Wahrnehmung, sondern auch der sichtbaren Deutungs- und Handlungsoptionen.

Bestimmt Achtsamkeit unsere innere Präsenz, hält sie
auch die Intuition mit im Spiel. Dann führt der Blick unter
die Oberflächenschicht und abseits von dem raumzeitlichen Komplex, in dem sich unsere Wahrnehmung normalerweise aufhält. So widersetzt Intuition sich den Gesetzen
der vorübereilenden messbaren Zeit und befreit aus ihrer
Umklammerung.

Zeit macht sie nicht als Sequenz und als Abfolge erfahrbar, sondern als erlebte und metaphysisch gegebene Unmit-
telbarkeit. In ihr verschmelzen alle Zeitlinien, das Zukünftige eingeschlossen. Es ist das, was wir Kairos-Erfahrung
nennen. Bereit zu sein für den intuitiven Vorgang heißt,
bereit dafür zu sein, so lange mit Fragen zu leben, bis wir,
ohne es planen zu können, in die Antwort hineingeführt
werden.

Stille und Kulisse

Wenn wir von der tiefen inneren Stille reden, so sprechen wir zugleich von der dem äußeren Auge verborgenen Tür zu dem hin, was wir Heimat nennen. Für einen Moment lang kommen wir zu Hause an. Fremd mag das nur für jemanden klingen, der sich vorstellt, dass das, was uns an Äußerem umgibt und worin wir unser vorüberstreichendes und vorübergehendes Leben füllen, auch unser wahres Zuhause sei ...

Das Vergängliche und jederzeit vom Tod Bedrohte mag uns gelegentlich Rastplatz sein auf dem irdischen Weg. Es mag uns Orte der Besinnung und des Durchatmens und des Wohlbehagens schenken, bevor wir weiterziehen und die Orte sich auch selber ändern, ja vergehen. Wir leben und erleben ein Schauspiel, ein gewaltiges Drama, manchmal auch eine Tragödie oder Komödie auf der Bühne von Mutter Erde. Die Kulissen werden von dem errichtet, was wir Kultur nennen. Von da kommen auch die Sinnbilder und die Texte, die wir zeitlebens lernen und in die Rollen einpassen, die wir spielen, ohne die letzte Freiheit zu haben, uns diese Rollen selbstbestimmt zu erwählen. Gewiss, die Wahl der Masken und der Gewänder und auch die Weise, in der wir unsere Lebensprogramme und Charaktere zwischen Gut und Böse füllen und bespielen, geben reichlich Raum zur Entfaltung. Doch Bühne bleibt Bühne und die Freiheit reduziert sich auf die einer Lokomotive im Schienennetz.

Für die Identität eines Schauspielers, der immer Gefahr läuft, seine voller Inbrunst gelebte Bühnenexistenz als letzten Sinn und letzte Wirklichkeit zu verkennen, mag das reichen, zumindest bis Bruder Tod ihm winkt. Doch wer eine Ahnung davon bekommen hat, in welcher Kulissenwelt er sich bewegt, beginnt vielleicht auf die leise, aber dringliche Stimme in seinem Inneren zu hören. Es ist die Stimme der Sehnsucht. Sie, die Unstillbare, möchte uns schon jetzt, inmitten des Lebens, mit dem verbinden, woher wir kommen und wohin wir wieder gehen werden. Sie trägt in sich das Versprechen, der Fremdheit und damit dem Gefühl der Verbannung zumindest momenthaft zu entkommen. Ihre Fingerzeige und Botschaften weisen den Weg ins Elternhaus – um es in alter Sprache zu formulieren. Seit Anbeginn des Universums werden wir in Galaxien auseinandergetrieben. Das irdische Leben beginnt mit dem Abschied aus der Geborgenheit des Mutterleibes und damit dem Verlassen der Einheit.

Neuvereinigung wird deshalb zur Grundenergie unserer Sehnsucht. Deshalb auch zieht uns das andere Geschlecht an, mit dem wir schon auf der Bühne ganz werden möchten, der Getrenntheit entfliehen.

Die Radikalität jener Sehnsucht, wenn wir ihren Wesensgrund einmal erkannt haben, erschüttert. Denn sie holt uns fort von den Illusionen der Kulissenwelt, die uns vertrösten und uns das Vorläufige und Bedingte als das Endziel suggerieren möchten.

Es ist die tiefe Stille, die Stille hinter der Stille, die Stille letzter Absichtslosigkeit, die uns zum Tor der Sehnsucht führt. Es gibt den Blick frei von der Bühne und ihrem Tand hin zur Wesenhaftigkeit. Diese ist formlos, und du wirst ihrer auch nur durch Absichtslosigkeit gewahr. Körperlich vermagst du sie als Geborgenheit und als ein ultimatives Getragensein empfinden. Hier brauchst du nichts mehr zu spielen, dich nicht mehr zu begründen!

Durch das Tor der Sehnsucht im Raum der Stille weht uns manchmal etwas an. Fern ist es von jeglichen Gedanken, kommt aus einem vorgedanklichen Raum. Es scheint einer anderen Dimension zu entstammen, auch wenn wir dann wieder Gefahr laufen, es gedanklich einzukleiden und zuzuordnen in alter Sprache und den Bildern der äußeren Welt. Dieses Anwehen ist wie eine Berührung durch jenes Licht, das auch unsere eigenen Seelen-, Herzen- und Gottesfunken nährt. Wir befinden uns nun in der Wahrnehmung einer Beziehung tiefer geistiger, ja vielleicht kosmischer Resonanz. Es ließe sich auch sagen, dass wir in der seelischen Empfindung eines letzten Getragenseins stehen – durch einen Urgrund jenseits aller Vorstellungen, Ideen oder Projektionen oder Fluchtwelten. Hier kommst du an, da ist Heimat. Und das ist es, was dich immer wieder in die Stille zieht. Es lässt dich aufrecht gehen und die Rolle auf der Bühne deines Lebens neu interpretieren. Wir haben Ahnung und Gewissheit von einer Welt erhalten, in der wir immer auch bereits sind und jederzeit bewusst leben können, vorausgesetzt, wir wagen es, zu erkennen.

Das Böse, die Erkenntnis und die Seele

Je mehr Gleiches von Gleichem wir als Wahrnehmungs- und Verhaltensweisen im Raum des Menschlichen haben, desto wahrscheinlicher wird, dass es sich wieder und weiter ereignet. Je mehr mit Gewalt auf Gewalt reagiert wird, desto sicherer ist, dass dem wieder Gewalt folgen wird.

Jeder böse Gedanke und jede böse Handlung bauen das Feld des Bösen weiter auf, individuell und kollektiv. Als das Böse möchte ich hier mit Albert Schweitzer das definieren, was Leben bewusst schädigt, hindert, blockiert, vernichtet. Das Böse schafft den Hang zum Bösen, die Sünde bewirkt den Hang zur Sünde. Beide neigen dazu, sich zu wiederholen. Der Frucht der bösen Taten können wir somit kaum entkommen. Doch was für das Böse gilt, trifft auch für das Gute zu, das Lebensdienliche. Jeder gute Gedanke, jede Handlung aus Liebe arbeitet an dem Feld von Wahrscheinlichkeitsenergien, die den Einflussraum des Bösen mindern, indem sie die eigenen Resonanzflächen erweitern.

Resonanz ist das Grundprinzip des Universums. Das Böse benötigt als Resonanzfeld den Geist, der sich entscheidet bzw. die Seele, die mit ihm schwingt. So sprechen wir auch von einer „dunklen Seele". Das Böse hat Macht über unsere Gedanken, auch wenn wir es als metaphysisches Prinzip genauso wenig denken können wie „Gott"; und es hat Macht über das, was wir Seele nennen, dieses unbewusste und den einzelnen Menschen weit übersteigende Energie- und Empfindungsfeld. Solange unsere Menschen-Welt andauert, wird das Böse also seinen Nährboden finden und sich fortpflanzen. Denn die Resonanzfähigkeit für das Böse liegt in den Möglichkeiten der Natur des Menschen. Das Eintrittstor öffnet sich durch jene geistige Haltung, die wir Acedia, Trägheit, nennen und durch eine geminderte Urteilskraft. Ein fehlender Erkenntnis- und

Entwicklungswille, ungezügelte Triebe und Affekte und die fehlende Ausrichtung auf das Göttliche bzw. Absolute sind die Treibmittel. So wie wir uns nach dem „Himmel" voller Sehnsucht strecken, so sehr sollten wir uns bewusst sein, dass die „Hölle" manchmal verdammt nah ist.

Unwissenheit und die damit verbundene Selbsttäuschung geben sowohl dem Leiden als auch dem Bösen Raum – wenn auch nicht immer intendiert. Erkenntnis mit der aus ihr fließenden Fähigkeit zur Unterscheidung ist deshalb die Mutter freier und begründeter Wahl und Entscheidung. Ohne den Erkenntniskampf um die Kraft der Unterscheidung wäre bereits die Differenzierung zwischen dem Guten und dem Bösen in Unkenntlichkeit und Beliebigkeit aufgehoben. Der menschliche Geist verkäme zum Spielball der unterschiedlichsten Stimmen, die ihn zu beeinflussen suchen.

Die Erkenntniskraft des Bewusstseins und die aus ihr erwachsende Kunst der Unterscheidung heben das Böse nicht auf. Aber sie vermögen es zu identifizieren und zu markieren. Die Aufmerksamkeit, die ich dem Dunklen entgegenbringe, schwächt alleine schon seine Energie, ist es doch da am mächtigsten, wo es unbeachtet und unintegriert im Unerkannten wirken kann; bzw. immer dort, wo die Augen der Seele und des Herzens aus Angst, Scham oder Trägheit so gerne wegsehen. So wächst Erkenntnis zu einer lebensdienlichen Vernunft, die Hass, Diskriminierung und Gewalt widersteht. So leistet sie ihren Beitrag zur Reinigung der verirrten Seele, indem sie deren Resonanzfeld neu ausrichtet. So arbeitet sie schließlich an der Transformation und Heilung dessen, was durch Böses verursacht wurde.

Denn sie geht dem Bereuen und einer entsprechenden Verhaltensänderung voraus.

Wunder und „Wirklichkeit"

Wunder stehen nicht im Gegensatz zur Natur,
sondern im Gegensatz zu dem, was wir über die Natur
wissen.
Augustinus von Canterbury, 546–604

Wunder gelten als weitestgehend unerklärliche Vorkommnisse, zumindest, wenn wir den Maßstab rationaler, wissenschaftlich gehärteter Vernunft anlegen. Auch lassen sie einen alltäglichen Erfahrungsbezug vermissen. Dass sie sich ereignen, ist zwar höchstgradig unwahrscheinlich, doch kommt es dazu, sind sie sehr real. Etwas, das man sich so nicht vorstellen konnte bzw. an das man nie zu glauben gewagt hätte, passiert trotzdem, wie von einer Hand geführt, die aus einer Anderswelt hinüber in unser Leben greift.

Wie es scheint, kann „Wunder" nicht weltimmanent gedacht und verstanden werden. Es setzt eine zweite bzw. mehrere andere Wirklichkeiten voraus als nur die eine, die wir normalerweise wahrzunehmen in der Lage sind. Das Wunder ist, so betrachtet, eine Intervention, die vorübergehend das außer Kraft setzt, was wir als Naturgesetze bezeichnen bzw. was wir bislang von dem verstanden haben, was Welt und Wirklichkeit genannt wird.

In der Geschichte der Religionen, und hier insbesondere des Juden- und des Christentums, nimmt das Wunder eine außerordentliche Rolle ein. In ihm zeigt Gott seine Größe, gibt Zeichen von sich und seinem Wirken, in dem er die Wahrnehmung der Menschen auf das Unglaubliche richtet. Wunder sind in diesem Sinne keine Form von Magie, die beeindrucken soll, sondern dringliche Hinweise: *Das „Reich Gottes" ist immer in deiner Nähe!* Vor allem das Johannes-Evangelium orientiert in diese Richtung.

Wir sollten hier außer Acht lassen, dass auch das wunderhafte Geschehen nicht seinem Missbrauch entkommen kann. Dieser liegt immer dann vor, wenn Geschehnisse instrumentalisiert und manipuliert, ja konstruiert werden, um vorgeblich höheren Willen oder die Heiligkeit einer Person zu reklamieren.

Man würde dem Wunder nicht gerecht, wäre man nicht bereit, die sehr spezielle Beziehung zur Wahrnehmung des Menschen herzustellen. Schlicht formuliert: Was für die eine ein Wunder, das erschüttert und verzaubert, ist für den anderen ein netter Zufall. Wahrnehmung ist hier der steuernde Impuls. Die Sichtweisen der Menschen sind es, die dem Geschehen seine Bedeutung verleihen. Sie vermögen dem Geschehen eine Wirklichkeit zuzuweisen, die nicht zu leugnen ist. Und so gilt es, unterschiedlichste Wirklichkeitszustände in Gleichzeitigkeit zu akzeptieren, so wie die Quantentheorie uns lehrt, dass Licht zugleich Welle und Teilchen sein kann.

Es mag eines fernen Tages das heute „Wunder" genannte als eine den Menschen selbstverständlich umgebende Wirklichkeit erkannt werden, die lediglich mit dem „Makel" einer gewissen Unwahrscheinlichkeit behaftet ist. Je selbstverständlicher aber dieser Weltausdruck uns wird, desto schärfer mögen sich auch die Wahrnehmung für entsprechende Ereignisse und ein entsprechendes Erkennen entwickeln. Vielleicht nimmt die Menschheit ja so irgendwann die ganze Schöpfung als ein geradezu unglaubliches Wunder wahr ...

Gleichzeitig stellt sich konterkarierend eine andere, vielleicht wesentlich relevantere Frage: Viel deutet nämlich darauf hin, dass die kommenden Generationen dem, was wir heute noch *Wirklichkeit* nennen, wesentlich distanzierter gegenüberstehen. In ihrem Bewusstsein wird sich die virtuelle, computergenerierte Realität mehr und mehr zu einer manifesten Wirklichkeit formen – und damit Schritt um Schritt auch zur Wirklichkeit entwickeln!

In dieser *Wirklichkeit* lassen sich Wunder programmieren. Was schert dann noch ein kollabierender Planet, wenn in der Wahrnehmung und Verfügbarkeit ein unermessliches Paradies lebt, das jederzeit so gestaltet werden kann, wie es unseren Sehnsüchten und Bedürfnissen entspricht.

Wirklichkeit ist eine Frage des Bewusstseins, nicht der von messenden Apparaten. Und deshalb wird die Wunderfrage nie abstrakt und absolut beantwortet werden können. Jeder Mensch in jeder Sekunde hat dazu einen eigenen Zugang ...

Stimmig mit sich selbst sein

Hinsichtlich der Frage, wer wir sind, vor allem, wer wir für uns selber sind, setzt *Identität* den Rahmen, und sie füllt ihn zugleich aus. Die Identität zeigt das Bild, das ich von mir entworfen und gestaltet habe und mit dem ich mich stimmig fühle. Dies könnte zu dem Missverständnis führen, dass die Person eine Identität *hat*. Jedoch ist gesunde Identität etwas, das sich in einem kontinuierlichen Wandel befindet. Er folgt den Veränderungsprozessen und Transformationsräumen, die wir im Leben auf den verschiedensten Ebenen durchschreiten. Körper-Identität, Gefühls-Identität, Geist-Identität, Sozial-Identität, Seelen-Identität, All- bzw. kosmische Identität fügen sich dabei in der Identität einer Persönlichkeit zusammen. Identität kann so als ein Integral verstanden werden

Es ist jedoch gerade für unsere Kultur nicht untypisch, eine bestimmte Identitätsvorstellung bzw. einen bestimmten Identitätsentwurf von sich absolut zu setzen. Ich fixiere mein Selbstbild und sehe es als dauerhaft an. Ich richte mich in einer Teil-Identität, etwa der Gefühls-Identität ein, ja schließe mich in ihr ein. Damit steigt das Risiko, sich in eine existenzielle Krise zu begeben. Die betroffene Person entzieht sich dem Fluss des Lebens. Sie begibt sich in die Gefahr, an der damit verbundenen Starrheit und der aus ihr resultierenden Wahrnehmungsblockade zu zerbrechen. Das Leben, das sie ganz auf einen bestimmten Aspekt, bestimmte Wünsche, Wahrnehmungen und/oder bestimmte Empfindungen hin fokussiert und einengt, läuft dann an ihr vorbei, während sie schmerzhaft versucht, etwas zu halten oder gar wiederzugewinnen, was schon lange nicht mehr existiert. Alternde Spitzensportler, die sich fortwährend an ihren einstigen Erfolgen messen und die Wandlung ihrer Körperlichkeit nicht wahrnehmen und annehmen wollen, und Politiker, die nicht erkennen und respektieren, dass

Macht ein zeitbedingtes und auf Zeit gegebenes Charisma ist, sind dafür Beispiele. Letztlich gilt dies potenziell für nahezu alle Zustände in unserer Existenz. Und es schließt Träume und Illusionen als das, was nie wirklich da war und doch sehnsuchtsvoll gehalten wird, mit ein.

Identität in ihrer integralen Bedeutung meint somit die erlebte Einheit einer Person mit sich, der Welt und der überpersönlichen Ebene. Sie gestaltet sich als Folge eines fortwährenden selbstreflexiven und Sinn stiftenden Prozesses.

Will ich meine Identität erkennen, so muss ich nach ihr suchen. Suche und Sehnsucht halten die erforderliche Selbstreflexion in Gang. Sie helfen, die Macht der geistigen Gebilde und Ideologien genauso zu erkennen und zu durchschauen, wie die materiellen und gesellschaftlichen Strukturen. Denn beide können blockierende Auswirkungen auf mich und mein Werden haben. Suche und Sehnsucht „vergleichen" in allen Lebensphasen meine momentane Befindlichkeit mit dem Gesuchten und Erstrebten. Sie wirken damit als Treibmittel für die Überwindung der Herrschaft einer Teil-Identität. Vor allem aber stehen sie in einer Zeit außerordentlicher Beliebigkeit und der Erosion nahezu aller Gewissheiten der Gefahr entgegen, sich selbst und das Vertrauen in die eigene Wesenstiefe zu schwächen, zu vergessen oder gar zu verlieren.

Erinnerung stellt einen wesentlichen Faktor unserer Identität dar. Sie ist ihr narrativer, ihr erzählerischer Anteil. Persönliche Geschichte offenbart sich in Geschichten. Unterliegt die Deutung dieser Geschichten im Fortschreiten und im Wandel unseres Lebens aber nicht selbst dem

Wandel, dann wirkt sich dieser Anteil schnell konservativ und sich selbst bestätigend aus. Diese auf erzählten Geschichten über mich selbst beruhende Identität sollte deshalb von dem unterschieden werden, was wir *Biografie* nennen. Die Biografie kann als zeitliche Abfolge von gleichsam objektiven Lebensereignissen und -stationen gesehen werden. Demgegenüber gehören zum Entstehen einer narrativen Identität permanente Selektionen, Verdrängungen und Projektionen, um die eigene Geschichte für mich selbst und für andere stimmig zu halten.

Wer also bin ich?

Geschichte?
Gene?
Erinnerungen?
Hoffnung?
Erwartung?
Kulturelement?
Ein Traum?
Eine Vorstellung?
Eine Illusion?
Pures Sein und nackte Gegenwart?

Oder ein fließendes Integral aus allem?

Anmerkungen

1 Dag Hammerskjöld, *Zeichen am Weg*. München 1965, S. 93 f.

2 Herbert Blomstedt, in: neue musik zeitung, Regensburg 2020

3 Max Scheler, *Philosophische Weltanschauung*. Bonn 1929, S. 97

4 Martin Buber, *Gottesfinsternis*. Gerlingen 1994

5 Norbert Stapper, *Rainer Maria Rilkes Christus-Visionen*. Paderborn 2014

6 Rainer Maria Rilke, *Das Stundenbuch*. Leipzig 1918, S. 20

7 Martin Buber, zitiert nach: *Praktisches Lexikon der Spiritualität*. Freiburg 1992, S. 89

8 Rainer Maria Rilke, *Gesammelte Werke 3*, München 2020, S. 959

9 Friedrich Schiller, *Über Anmut und Würde,* in: Sämtliche Werke, Band 5, München 1962, S. 468

10 Albert Schweitzer, *Aus meinem Leben und Denken*. Frankfurt 1995, S. 198

11 Rupert Sheldrake/Matthew Fox, *Die Seele ist ein Feld.* München 1998

12 Antoine de Saint-Exupéry, *Nachtflug*. Frankfurt 1988

13 Theodor W. Adorno, *Minima Moralia*. Frankfurt 1951, S. 333 f.

14 Francois Cheng, *Über die Schönheit der Seele. Sieben Briefe an eine wiedergefundene Freundin*. München 2018, S. 139